Für Jana Derwahl

Du bist eine große Inspiration für mich.

Danke für alles.

An alle Kinder da unten: Ich war ein Kind mit einem Traum, schaute zu den Sternen auf. Jetzt bin ich ein Erwachsener in einem Raumschiff mit vielen anderen wunderbaren Erwachsenen, die auf unsere wunderschöne, wunderschöne Erde herabschauen. An die nächste Generation von Träumern: Wenn wir das können, stellt euch einfach vor, was ihr tun könnt.

Richard Branson

Markus Czerner

Ignore the rules

Warum wir es wieder wagen müssen, Regeln zu brechen

BusinessVillage

Markus Czerner
Ignore the rules
Warum wir es wieder wagen müssen, Regeln zu brechen
1. Auflage 2021

Bestellnummern
ISBN 978-3-86980-611-2 (Druckausgabe)
ISBN 978-3-86980-612-9 (E-Book, PDF)
ISBN 978-3-86980-613-6 (E-Book, EPUB)

Direktbezug unter www.BusinessVillage.de/bl/1129

Bezugs- und Verlagsanschrift
BusinessVillage GmbH
Reinhäuser Landstraße 22
37083 Göttingen
Telefon: +49 (0)5 51 20 99-1 00
Fax: +49 (0)5 51 20 99-1 05
E-Mail: info@businessvillage.de
Web: www.businessvillage.de

Layout und Satz
Sabine Kempke

Autorenfoto
Farbecht Medienagentur GbR Willeke, Studinski und Cyklarz

Druck und Bindung
www.booksfactory.de

Inhalt

Über den Autor

Markus Czerner ist Keynote Speaker, Coach und Ex-Profisportler. Mit neunzehn Jahren platzte sein großer Traum vom Tennisprofi und er sah keinen Sinn mehr in seinem Leben. Er stand auf, studierte, machte sein Diplom, fand seinen Weg ins Management der Formel 1, wurde Athletenmanager, gründete eine eigene Sportagentur und fand über Umwege den Sinn seines Lebens. Markus Weg ist das Abbild dessen, was er auf der Bühne vorlebt: Never give up!

Mittlerweile zählt Markus Czerner zu den authentischsten Rednern im deutschsprachigen Raum. Er redet Tacheles und hat den Mut, auch unangenehme Themen anzusprechen. Dinge, die wir nicht immer hören wollen, die aber nötig sind, um positive Veränderungen herbeizuführen. Als Autor und Speaker hat er bisher mehr als fünfhunderttausend Menschen erreicht. Vom renommierten »ERFOLG Magazin« wurde Markus 2020 zu den fünfhundert wichtigsten Köpfen der Erfolgswelt gewählt. Auch namhafte

Medien wie die »WirtschaftsWoche«, Sport 1 oder Europas großes Gründermagazin »StartupValley« greifen auf seine Expertise zurück.

Kontakt

E-Mail: info@markusczerner.de
Web: www.markusczerner.de
Instagram: @markusczerner

Aus Gründen der besseren Lesbarkeit wurde im Text nur die männliche Form gewählt, nichtsdestoweniger beziehen sich die Angaben auf Angehörige aller Geschlechter.

Vorwort

Regeln geben Struktur und Halt. Sie bringen Ordnung in unser Leben. Doch Regeln haben auch eine andere Seite. Sie sind ein Machtinstrument und sie limitieren unser Denken und Handeln.
Erst wenn wir uns dieser Umstände bewusst werden, können wir sie kritisch hinterfragen und auch brechen. Damit wir uns nicht falsch verstehen: Mit Regelbruch rufe ich nicht dazu auf, Gesetze zu brechen. Es gibt ein viel engmaschigeres Netz aus soziokulturellen oder auch historischen Regeln. Viele davon werden einfach von uns – oft sogar unbewusst – befolgt. Es sind Regeln, die für uns in den Bereich der Naturgesetze rücken: unumstößlich, scheinbar immerwährend. Ihre Durchsetzung kann vor keinem Gericht eingeklagt werden. Und dennoch wird die Nichtbefolgung sanktioniert.

Besonders im sozialen Kontext oder auch der Wirtschaft gibt es viele Regeln. Wir befolgen sie brav, ohne sie zu hinterfragen.

Wieso, weshalb, warum?
Warum muss ein Banker einen Anzug und Krawatte tragen?
Warum müssen Unternehmen jedes Jahr x Prozent wachsen?
Warum wird das immer so gemacht?

Stelle die Fragen! Du wirst selbst von den Befürwortern eher Schulterzucken als plausible Antworten erhalten. Und da sind wir beim entscheidenden Punkt: Es könnte auch alles ganz anders sein. Protagonisten des Regelbrechens wie Jeff Bezos, Richard Branson oder Elon Musk sind mediale, gehypte Paradebeispiele. Doch erfolgreiche Regelbrecher finden sich selbst in Deutschland: Die Aldi-Brüder Theo und Karl Albrecht zum Beispiel. Sie haben den Lebensmitteleinzelhandel auf den Kopf gestellt, als sie begannen, 1962 Produkte per Selbstbedienung direkt aus den Kartons und von Paletten zu verkaufen. So sparte man Lagerplatz, Personal, Zeit und damit Kosten. Es war die Geburtsstunde des Discounters. Oder Wolfgang Grupp, Inhaber und Geschäftsführer des Unternehmens Trigema. Er ging so weit, das Mantra des jährlichen Firmenwachstums offen infrage zu stellen.

Aber als Regelbrecher brauchst du neben anderen Dingen vor allem eines: Eine robuste Psyche. Man sollte bereit sein, ein Paria zu sein. Beim ersten Fehlversuch wird sich die Masse hämisch bestätigt sehen und lauthals rufen: »Wusste ich es doch!« Das muss man aushalten können. Denn als Regelbrecher kann es etwas einsamer werden. Wer aus der Gruppe ausschert, gehört halt nicht mehr (ganz) dazu.

Mit diesem Buch möchte ich animieren, innezuhalten und Regeln kritisch zu hinterfragen. Ich möchte das Bewusstsein dafür schärfen, dass wir blind und meist unbewusst Regeln befolgen – und dass es sich lohnt, sie gezielt und bewusst zu brechen.
Erst wenn es uns gelingt, uns aus dem eigenen Kokon der Regeltreue zu befreien, ergeben sich neue Chancen, neue Möglichkeiten und ganz neue Wege. So winken mit dem Regelbruch plötzlich die lange vermissten, neuen, positiven Zukunftsperspektiven.

1.

Die geregelte Gesellschaft – warum wenige Regeln erdenken, aber viele sie befolgen

Regeln schränken ein. Sie mindern den freien Handlungsspielraum und haben das Potenzial, den Menschen in der eigenen Persönlichkeit zu unterdrücken. Es ist ein interessantes Gedankenspiel, würde jeder Mensch nach seinen Regeln leben. Was zunächst verlockend klingt, kann bei näherer Betrachtung nicht funktionieren.

Wir Menschen haben Grundbedürfnisse. Jeder von uns. Diese Bedürfnisse müssen kurz- bis mittelfristig erfüllt werden. Nur dann ist Überleben gesichert. Unsere Grundbedürfnisse sind in physiologische und psychologische Bedürfnisse aufgeteilt. Erstere sind materiell oder immateriell geprägt. Hierzu zählen Nahrung, Kleidung, ein Dach über dem Kopf, Gesundheitsversorgung oder Sicherheit. Bedürfnisse wie Bindung, Anerkennung, Orientierung und Kontrolle stellen die psychologischen Grundbedürfnisse dar. Für jeden von uns sind diese Bedürfnisse unterschiedlich wichtig.

Nehmen wir diese Grundbedürfnisse als Maßstab, ist es uns unmöglich, nach freiem Willen und ohne Regeln zu leben. Das ergibt sich alleine schon aus der Tatsache, dass wir Natur- und Kulturwesen sind. Der Mensch kann nur überleben, wenn er den Gesetzen folgt – und Überleben ist unser stärkstes Grundbedürfnis überhaupt, ohne das

die Menschheit wahrscheinlich schon längst ausgestorben wäre. Mit »Gesetzen folgen« meine ich an der Stelle nicht die Gesetze der Regierung, ich meine die Gesetze der Natur und Kultur. Wir sind an die Gesetzmäßigkeiten der Physik, Chemie und Biologie gebunden. Wir leben nach dem Gesetz der Schwerkraft und haben Energie- und Naturgesetze. Einige Naturgesetze missachten wir, aber dafür werden wir in Zukunft einen hohen Preis zahlen – ich sage nur Klimawandel und Plastikmüll. Es ist leider so, dass die meisten Menschen das Problem erst dann erkennen oder erkennen wollen, wenn das Kind sprichwörtlich bereits in den Brunnen gefallen ist. Dann ist es zu spät, um zu reagieren, und das Desaster kann nicht mehr verhindert werden. Aber das ist ein anderes Thema.
Neben den Naturgesetzen ist unser Leben geprägt von kulturellen und sozialen Regeln. Sie ergeben sich aus den unterschiedlichen Religionen und Kulturen, die wir weltweit haben. Du kannst nicht nach Dubai fliegen und die kulturellen Regeln, die dort herrschen, ignorieren. So ist zum Beispiel das Trinken von Alkohol in der Öffentlichkeit verboten. Selbst Hotels und Bars benötigen dafür eine entsprechende Lizenz. Egal, ob dir solche Regeln nun passen oder nicht, du hast in einem anderen Kulturkreis stets zwei Möglichkeiten: Die Regeln akzeptieren und dich für die Zeit deines Aufenthaltes anpassen – oder einfach nicht hinfliegen. Gut, es gibt noch eine dritte Möglichkeit, aber die solltest du nicht unbedingt in Betracht ziehen. Natürlich kannst du mit der Einstellung »interessiert mich alles nicht« nach Dubai fliegen, aber dann wirst du sehr schnell im dortigen Gefängnis sitzen. Und es gibt, denke ich, schönere Orte als eine Haftanstalt im arabischen Raum.

Trotz einer Vielzahl kulturell oder soziologisch begründeter Regeln ist unser Handeln auch heute noch von archaischen Überlebensmustern geprägt. Es ist ein brutales Naturschauspiel, wenn ein Löwe gegen eine Hyäne kämpft. Es gibt nur eine Regel: Der Stärkere gewinnt. Es greift das Gesetz der Gesetze, das Gesetz des Dschungels. Fressen oder gefressen werden. Bis heute herrscht in der Tierwelt das Recht des Stärkeren. Es ist das älteste Gesetz auf Erden, entstanden, weit bevor es die Menschheit überhaupt gab. Auch heute steckt das Gesetz des Dschungels noch in jedem von uns. Nicht in der ausgeprägten Form wie in der Tierwelt, aber in abgeschwächter Form ist es fest in unserer DNA verankert. Ich beobachte das immer wieder im Straßenverkehr. Bei Straßen, die rechts und links von anderen Autos zugeparkt sind, passt oftmals nur ein Auto durch. Kommt eins von oben und eins von unten, gibt es ein Problem. Wer fährt zuerst? Das sollte eigentlich die Straßenverkehrsordnung klären, aber hier steht nur, dass derjenige warten muss, der das Hindernis auf seiner Seite hat. Aber was, wenn beide ein Hindernis vor sich haben, und zwar auf gleicher Höhe? Ganz oft fährt derjenige mit dem stärkeren Auto. Charakterisierend für die wahrgenommene Stärke ist das Ansehen der Marke. Ein Audi fährt vor einem Hyundai und ein Mercedes vor einem Audi. Der Fahrer mit der im Status höheren Marke fühlt sich stärker. Er hat seiner Meinung nach mehr im Leben erreicht, fährt das teurere Auto und fühlt sich daher überlegen. Also hat er auch das Recht, zuerst zu fahren. Hier greift die abgeschwächte Form des Gesetzes des Dschungels – das Gesetz des Stärkeren.

In vielen Familien gibt es heute noch ein Familienoberhaupt. In der Regel der Älteste, der aufgrund seiner Lebenserfahrung und daraus resultierenden Weisheit als der Stärkste gilt. Das gibt ihm das Privileg, bei schwierigen Entscheidungen das letzte Wort zu haben. Damit wir in unserem Leben nicht ausschließlich nach dem Gesetz des Dschungels handeln, braucht es kulturelle Spielregeln. Deswegen haben wir im Wirtschaftsleben Regeln für den Wettbewerb und auch das gesellschaftliche Leben ist geprägt von Regeln und Gesetzen. Schon frühe Kulturen haben das Gesetz des Dschungels durch soziale Regeln und Normen ersetzt. Wer als Individuum eigene Interessen verfolgte, musste sie zum Gemeinschaftswohl aufgeben, zumindest aber hintanstellen. Interessenskonflikte wurden nicht mehr in Kämpfen ausgetragen, sondern mit Regeln gelöst. Tatsächlich sind auch die Regeln der Märkte von der ersten Stunde an präsent. Als die ersten Marktplätze entstanden, wurden schon Verhaltensregeln und Normen festgelegt.

Was für den Einzelnen gilt, gilt natürlich auch für die Gesellschaft. Eine Gesellschaft kann ohne Regeln und Gesetze nicht funktionieren. Gesetze schaffen Sicherheit – und Sicherheit ist das, was die Mehrheit der Menschen anstrebt. Sie ist ein Grundbedürfnis, das für viele höchste Priorität in ihrem Leben genießt. Tatsächlich sind es erst Regeln und Gesetze, die das zivilistische Leben planbar machen.
Wir Menschen sehen das auf individueller Ebene oftmals anders. Manche Gesetze sind uns wichtig, manche wiederum nicht. Einige halten wir persönlich auch für sinnlos und schwachsinnig. Ich kann zum Beispiel beim besten Willen nicht verstehen, warum man Auto-

räder nicht in der Garage lagern darf. Das ist per Gesetz untersagt. »Aus Brandschutzgründen«, heißt es. So weit, so gut. Allerdings frage ich mich, ob ich mein Auto jetzt immer ohne Räder in die Garage stellen muss?
Genauso ist das Schwimmen in einem Abwasserkanal verboten. Wusstest du das? Zum Glück ist es offiziell nicht erlaubt. Stell dir vor, dafür gäbe es kein Gesetz. Die Schwimmbäder und Freibäder könnten alle dichtmachen. Ist doch klar, dass wir das Schwimmen in einer Jauchegrube bevorzugen würden – oder?
Du siehst, es gibt Gesetze, die sinnlos, überflüssig und sogar dämlich sind. Dennoch hat irgendjemand es irgendwann für sinnvoll erachtet, ein entsprechendes Gesetz zu formulieren. So gibt es natürlich auch Gesetze, die auf den ersten Blick in die Kategorie »dämlich« fallen, auf den zweiten Blick aber durchaus Sinn ergeben. Es ist ausdrücklich verboten, im Gleichschritt über eine Brücke zu marschieren. So verrückt sich das anhört, es macht Sinn und schützt unsere Gesellschaft. In Großbritannien stürzte im Jahr 1831 eine Brücke ein. Grund dafür waren vierundsiebzig Soldaten, die im Gleichschritt über diese marschierten. Zurückzuführen war das Unglück ursächlich auf Schallwellen, die aus dem Gleichschritt entstanden. Um eine mögliche Resonanzkatastrophe zu vermeiden, wurde dann das Gleichschrittverbot als Gesetz erlassen. Letztlich, um jeden Einzelnen von uns zu schützen und Überleben zu sichern.

Doch was ist eigentlich der Unterschied zwischen Regeln und Gesetzen? Eine Frage, die ich mir selbst stelle, als ich diese Zeilen schreibe. Um es kurz zu machen: Gesetze stellen verbindliche Vorschriften dar und sind schriftlich fixiert. »Sie regeln und ordnen rechtsverbindlich das Zusammenleben einer Gemeinschaft« (Jachmann 2021). Regeln hingegen »geben die Empfehlungen, bestimmte typische Entscheidungen gemäß einfach strukturierter Regeln zu treffen«, formuliert das »Gabler Wirtschaftslexikon«. Regeln sollen als Entscheidungshilfe dienen, um bessere Ergebnisse herbeizuführen. Sie resultieren oftmals aus Beobachtungen und Erfahrungswerten. Zudem haben wir bei Gesetzesbrüchen mit härteren Strafen zu rechnen als bei einem Regelbruch.

Fakt ist: In der Wirkung sind Gesetze und Regeln sich sehr ähnlich. Egal ob formal ausgesprochen und formuliert oder mehr informell im Miteinander festgelegt, beide beeinflussen unser Verhalten oder genauer gesagt: beide wollen beeinflussen. Gesetze sind Verhaltensweisen, die von der Legislative festgelegt werden. Inklusive Strafen, die uns bei Nichteinhaltung eines Gesetzes erwarten. Regeln hingegen werden von den unterschiedlichsten Teilen der Gesellschaft festgelegt, oftmals von Autoritätspersonen. Jedes Unternehmen, jede Institution, ja sogar jede Familie hat ihre eigenen Regeln. Jeder, der Teil einer Gruppe sein möchte, muss sich an die Regeln der Gruppe halten.

Doch wo kommen Regeln und Gesetze genau her und wann hatten sie ihren Ursprung?
Schon in der Steinzeit haben sich die Menschen Gedanken darüber gemacht, was Recht und Unrecht ist. Das war nötig, weil nur so das Zusammenleben größerer Gruppen funktionieren konnte. Das älteste

überlieferte Recht ist das »Keilschriftrecht«. Es geht auf das vierte Jahrtausend vor Christus zurück, als die Sumerer lebten. Das Volk war in Mesopotamien angesiedelt, dem heutigen Irak. So gut wie alle europäischen Schriften der heutigen Zeit sind auf die Keilschrift zurückzuführen. Die Sumerer gelten weiterhin auch als Erfinder der Bürokratie. Sie haben kleine Siedlungen ausgebaut, sodass in Mesopotamien auch die ersten Städte und Tempelanlagen entstanden. Und in diesen Städten mit wenigen Hundert oder wenigen Tausend Bewohnern entstanden die ersten Regelwerke, die das Zusammenleben sicherstellen sollten.

Der »Codex Hammurabi« ist die älteste Gesetzessammlung, die der Wissenschaft im genauen Wortlaut bekannt ist. Aufgestellt hat sie König Hammurabi, der im achtzehnten Jahrhundert vor Christus lebte. Mit seiner Gesetzessammlung wollte der König Gerechtigkeit für alle schaffen. Daraus ergibt sich eine weitere spannende Frage: Was genau ist Gerechtigkeit?

Genau damit beschäftigten sich viele Kulturen im weiteren Verlauf der Geschichte. Eine Antwort gaben eintausendvierhundert Jahre später die griechischen Philosophen Aristoteles und Platon: Gerechtigkeit ist, gleiche Fälle gleich zu behandeln. Die antiken Griechen haben so einen großen Beitrag zur Entwicklung der Rechtswissenschaften geleistet.

Daran ändert auch die Tatsache nichts, dass die Rechtssysteme der westlichen Industriegesellschaften stark mit den römischen Gesetzen verankert sind. Denn das römische Rechtssystem wiederum wurde durch die griechischen Rechtswissenschaften geprägt wurden. Im Jahre 450 vor Christus entstand das Zwölftafelgesetz: Eine Ge-

setzessammlung bestehend aus zwölf bronzenen Tafeln, die auf dem römischen Marktplatz ausgestellt wurden und das althergebrachte römische Recht festgeschrieben haben (Moll 2021).
Regeln und Gesetze gibt es also fast so lange wie die Menschheit – und die Mehrheit der Menschen hat bestehende Regeln auch stets befolgt. Man könnte sagen: Regeln sind ein Erfolgsmodell im sozialen Miteinander. So gut wie alle Normen und Regeln, die wir in Gesellschaften haben, haben sich über Generationen hinweg entwickelt. Die Betonung liegt hier auf dem Wort »entwickelt«. Wir haben über Jahrhunderte Normen und Regeln an die nächsten Generationen weitergegeben. So wie sich die Generationen gewandelt haben, haben sich auch diese Normen und Regeln gewandelt. Das ist eine wichtige Erkenntnis, denn sie zeigt, dass Regeln und Gesetze keineswegs starr und unabänderlich sind. Im Gegenteil: Eine Gesellschaft, die überlebensfähig sein will, muss ihre Regeln auf neue Umweltbedingungen anpassen. Das geschieht auch, wir nehmen es oft nur nicht bewusst wahr. Letztlich orientieren sie sich immer an dem, was gut für die Mehrheit ist.

Dass wir Gesetze befolgen, liegt in der Natur der Sache, denn viele Menschen scheuen die Konsequenzen ihrer Missachtung. Viele Menschen würden mit Sicherheit ihrem Eigennutz folgend gerne Steuern hinterziehen, gäbe es keine Gesetze, die versuchen, genau diese unerwünschte Verhaltensweise zu verhindern. Letztlich hindert schon die Androhung möglicher Strafen die meisten Menschen daran, tatsächlich einen Gesetzesbruch zu begehen. Doch wie ist das bei den eher informellen Regeln?

Hier gibt es keine schriftlich festgelegten Paragrafen, die uns sagen, was wir zu machen und mit welchen Strafen wir zu rechnen haben, sollten wir sie nicht befolgen. Dennoch halten sich die meisten Menschen in ihrem Alltag an die geltenden (Spiel-)Regeln: Soziale Regeln, gesellschaftliche Regeln, eigens aufgestellte Regeln, um nur einige Beispiele zu nennen.

Ist dir schon einmal aufgefallen, dass wir Menschen ganz oft das machen, was andere machen? Wenn du das nächste Mal mit mehreren Menschen an einer roten Ampel stehst, lauf doch einfach mal bei Rot los – natürlich nur, wenn kein Auto kommt. Wahrscheinlich wird dir die Mehrheit blindlings folgen.

Ich habe es zuletzt im Baumarkt erlebt: Über den Kassen hängen Lampen, welche die Kassen durchnummerieren. Ist eine Kasse geöffnet, leuchtet die Nummer grün. Ist sie geschlossen, leuchtet sie nicht. Auf dem Weg zur Kasse sah ich schon zwei lange Schlangen. »Mist, das dauert«, dachte ich mir. Instinktiv habe ich nach oben geschaut. Die Nummern von Kasse eins, zwei und fünf leuchteten grün. Die Leute standen aber nur an Kasse eins und zwei an. Anscheinend hat niemand auf die Nummern geschaut, man hat sich einfach da angestellt, wo schon andere Kunden standen. Wäre noch eine Kasse geöffnet, würde ja bereits jemand anstehen, werden wohl die meisten gedacht haben.

Während diejenigen, die sich vor mir angestellt hatten, warteten, bin ich einfach zur dritten geöffneten Kasse mit der Nummer fünf gegangen, um ohne Wartezeit bezahlen zu können. Natürlich habe ich sofort die Blicke auf mich gezogen. Einige haben sich sogar beschwert, dass ich mich vordrängeln würde. Was für ein Blödsinn. Aber es ist natürlich einfacher, sich zu beschweren, als sich die eigene Dummheit einzugestehen, blind anderen Menschen gefolgt zu sein und dabei das Offensichtliche übersehen zu haben.

Ein paar Wartende machen den Fehler und sehen die weitere geöffnete Kasse nicht. Alle weiteren dazukommenden Kunden machen es ihnen gleich. Dafür ist unser Herdentrieb verantwortlich, der tief in unserer Entwicklungsgeschichte verankert ist. Er ist Teil der Evolution, da ist sich auch die Wissenschaft einig. Auch die Gründe für den Herdentrieb liegen auf der Hand: Der Evolutionspsychologe Benjamin Lange bringt es auf den Punkt: »Was die Masse macht, kann so falsch nicht sein und wenn die Masse irrt, dann sitzen wir wenigstens im selben Boot und können das Problem gemeinsam lösen.« Das untermauerten schon in den Fünfzigerjahren die bahnbrechenden Studien des Psychologen Solomon Asch. Er zeigte, dass der Anpassungsdruck der Gruppe das Individuum fest im Griff hat – auch dann, wenn man weiß, dass der Druck zu schlechten Entscheidungen führt. Das machte er in einem vermeintlich simplen Experiment sichtbar: Seine Probanden sollten aus drei Linien auf einer Karte diejenige auswählen, die genauso lang war wie die Linie auf einer anderen Karte. Die Probanden wurden einzeln befragt und alle wählten die richtige Linie. Als die Probanden allerdings in eine Gruppe mit bezahlten

Schauspielern zusammengesetzt wurden und die Schauspieler die falsche Lösung wählten, schlossen sich fünfundsiebzig Prozent der Probanden dem falschen Urteil der Gruppe an (Gino 2020).

Mit dieser Erkenntnis arbeiten in der heutigen Zeit bereits viele Organisationen. Bei Fernsehshows zum Beispiel werden bezahlte Leute ins Publikum gesetzt, die begeistert applaudieren, damit alle anderen es ihnen gleichtun.

Der Mensch hat im Laufe seiner Evolution bestimmte Verhaltensprogramme entwickelt. Niemand steht gerne als Idiot da. Wir fühlen uns wohl, wenn wir akzeptiert werden. Außenseiter zu sein liegt nicht in unserer Natur. Solltest du dich in einer Situation wiederfinden, für die du noch keine Erfahrungswerte hast – sprich in der du etwas Neues tust –, orientierst du dich automatisch an dem, was andere in deinem Umfeld tun. Zu der Erkenntnis ist auch Thomas Brudermann, Autor des renommierten Buches »Massenpsychologie«, gekommen. Auch hier setzt sich das, was fürs Überleben vorteilhaft ist, durch. In diesem Fall: physiologisch betrachtet Energie sparen. Wenn du nicht allzu lange über etwas nachdenkst, sparst du Energie. Und das ist das, was dein Gehirn möchte. Also vertrauen wir intuitiv der breiten Masse und setzen uns in Bewegung, wenn sie es macht. Es wird das gemacht, was alle anderen auch machen, und nicht nachgedacht, ob es richtig oder falsch ist. Eben dieser Herdentrieb sichert – oder besser gesagt: sicherte Tausende Jahre lang das Überleben.

Wer sich von der Herde löst, ist besonders gefährdet. Es gibt ein lustiges Experiment, das der Natursoziologe Rainer Brämer bei Wanderlustigen durchgeführt hat: Geht einer los, gehen alle anderen hinterher. Dabei muss der Vorderste gar nicht mal den Weg kennen. Es reicht, den Anschein zu erwecken, den richtigen Weg zu kennen (Schmidt 2014). Ein gleiches Verhaltensmuster legen wir bei Regeln an den Tag. Wir befolgen die meisten Regeln, weil die Mehrheit sie befolgt. Deswegen wird vieles nicht mehr hinterfragt, sondern einfach gemacht. Wenn es alle machen, kann es ja so schlecht nicht sein. Was auf der einen Seite logisch klingt und oftmals auch sinnvoll ist, kann auf der anderen Seite gefährlich sein. Nämlich dann, wenn die Masse irrt. Oder der eine, dem die Masse folgt. Kennt der vorderste Wanderer den Weg nicht, werden sich alle verlaufen, die ihm folgen. Im schlimmsten Fall stürzen sie eine Klippe herunter oder verdursten. »Massenpsychologie« wird dieses Phänomen genannt. Damit hat sich schon Sigmund Freud beschäftigt. Er sah den Grund für die Bildung einer Masse in dem Vorhandensein eines Anführers. Psychologische Massen ohne führende Personen gibt es demnach nicht. Solchen einzelnen Menschen gelingt es, anderen etwas zu suggerieren. Die Masse selbst merkt sehr häufig nicht, dass sie beherrscht und beeinflusst wird (Dörhöfer 2016). Wenn Menschen, die andere im Affekt handeln sehen, ebenfalls im Affekt handeln, vergrößert sich die Masse. Schauen wir in die Vergangenheit, dann sehen wir, dass beim Nationalsozialismus genau dieses geschehen ist.

Hast du dir mal die Frage gestellt, warum wenige Regeln erdenken, während viele Menschen sie befolgen? Die Antwort ist recht einfach: Die breite Masse folgt Autoritäten. Treffen mehrere Menschen aufeinander, kristallisiert sich immer ein Leader heraus, dem die anderen folgen. Stark ausgeprägt ist das Folgen von Autoritäten beim Militär.

Hier werden Befehle befolgt, ohne Wenn und Aber. Wer im Rang über einem steht, gibt Befehle – und diese müssen befolgt werden. Im Prinzip opfern Soldaten ihren eigenen Verstand, weil sie sich als Individuum einer Autorität blind unterwerfen. Denn Untergebene sind nicht befugt, Befehle infrage zu stellen. Natürlich ist das eine extreme Form der Regelbefolgung, aber wir alle folgen in gewissen Maßen Autoritäten und deren Regeln. Das lernen wir bereits als Kinder. Wir gehorchen den Regeln unserer Eltern und werden bestraft, wenn wir es nicht tun. Das machen wir, weil wir uns in einem Abhängigkeitsverhältnis befinden. Als Kind können wir ohne unsere Eltern nicht überleben. Eigentlich sollten wir uns spätestens mit der Volljährigkeit aus dieser Abhängigkeit lösen. Eigentlich. Die Realität ist eine andere, manche Menschen schaffen es ihr ganzes Leben lang nicht, aus dem Schatten der Eltern herauszutreten, und leben dann im Grunde nicht ihr Leben, sondern ein Leben nach den Vorstellungen ihrer Eltern. Das Verhältnis zwischen Arbeitgeber und Arbeitnehmer ist zum Beispiel solch ein Abhängigkeitsverhältnis. Arbeitnehmer folgen den Regeln des Unternehmens und den Vorgesetzten, also Autoritäten. Einerseits um das monatliche Gehalt zu bekommen, andererseits um Verantwortung abzugeben. Auch der Staat stellt solch eine Autorität dar. Während der Coronapandemie sind wir so den Regeln des Staates und der Gesundheitsämter gefolgt.

Diese Verhaltensweisen geschehen gemäß dem Motto: »Die werden schon wissen, was gut für uns ist.« Diese Haltung hat tief sitzende psychologische Gründe. Denn es ist eine sehr bequeme und ungemein praktische Sache für unser Gehirn, gerade in unsicheren Situationen

Verantwortung abzugeben. So können wir nichts falsch machen, wir können nicht scheitern, wir müssen nicht mit den Zweifeln an der eigenen Entscheidung kämpfen. Dieses Momentum ist meiner Meinung nach ein Hauptgrund, warum wir seit Menschengedenken gerne den Regeln und Anweisungen von Anführern folgen.

Nicht selten geben wir sogar die Verantwortung für unser eigenes Leben ab. Manche Menschen geben wichtige Entscheidungen für ihr Lebensglück an einen Partner ab und sehen in ihm nur zu gerne eine Autoritätsperson. Das hört man in Aussagen wie: »Wenn ich in einer Beziehung bin, werde ich endlich glücklich.« Solche Menschen erwarten, dass der Partner sie glücklich macht, weil sie selbst dazu nicht in der Lage sind oder sein wollen.

Aber nicht nur das, wir geben auch die Verantwortung von schwierigen Entscheidungen ab, indem wir sie andere treffen lassen. Oder wir legen unsere finanziellen Angelegenheiten in die Hände einer Bank oder eines Finanzdienstleisters. Auch hier treten wir die Verantwortung ab, und zwar an Menschen, die für uns autoritär erscheinen. Es ist die Macht der Experten, die auf uns wirkt. Was sie sagen, machen wir, weil wir keine Ahnung davon haben. Hier kommt wieder das eigene Sicherheitsbedürfnis ins Spiel. Wir hoffen, dass autoritäre Personen uns durch ihre Regeln Sicherheit geben. Oder Glück, Erfolg, finanziellen Segen – was auch immer. Geht es schief, haben wir wenigstens einen Schuldigen. Aber der sind nicht wir. Das ist alles, was wir wollen. Wir haben so viel Angst davor, vor uns selbst und anderen als Idiot dazustehen, dass wir begierig nach Menschen suchen, die für uns entscheiden und damit über uns bestimmen. Das sind dann unsere Autoritätspersonen, die an unserer statt Verantwortung übernehmen. Sie entscheiden und wir hoffen, dass Sie in unserem Sinne handeln. Wer aber seine Verantwortung weitestgehend abtritt, der folgt diesen Autoritäten.

Wir müssen uns die Frage stellen, ob wir geführt werden wollen oder wir uns und andere führen wollen. Wer sich für Ersteres entscheidet, befolgt blindlings Regeln – was der größte Teil der Menschheit macht. Wer sich für Letzteres entscheidet, stellt Regeln auf – aber das ist prozentual der kleinste Teil der Menschen. Es sind meist die Menschen, die die Welt verändern wollen. Allerdings nicht immer zum Wohle aller, sondern vor allem zunächst zu ihrem eigenen Vorteil.

2.
Die Psychologie der Regelbefolgung

Schon als Kind erlernen wir, dass uns die Befolgung sozialer Regeln ein Gefühl der Zugehörigkeit gibt. Ob die richtige Kleidung oder das richtige Verhalten – wer sich an die Vorgaben hält, ist ein Teil der Mehrheit. Je älter wir werden, desto normaler ist es für uns, Regeln zu befolgen. Wir akzeptieren das, was vorgegeben ist und erwartet wird. Gleichzeitig adaptieren wir immer mehr Regeln, die es einzuhalten gilt: Wer Auto fährt, muss sich anschnallen. Bei einem Stoppschild müssen wir stehen bleiben. Genauso an einer roten Ampel, selbst wenn wir alleine auf der Straße sind. In Bars und Restaurants darf nicht geraucht werden. Die meisten Drogen sind vom Staat verboten. Und selbst wer eine Gastronomie betreiben möchte, muss unzählige Vorschriften einhalten.

Aber warum befolgen wir Regeln, die uns andere vorgeben? Die Antworten finden wir in der Psychologie. Wir haben alle schon Regeln gebrochen. Selbst wenn es nur kleine Regeln ohne jegliche Konsequenzen waren. Oftmals bringt ein Regelbruch allerdings Sanktionen mit sich. Parken wir falsch, erwartet uns ein Knöllchen. Fahren wir alkoholisiert Auto, wird uns der Führerschein entzogen. Verstoßen wir gegen Regeln auf der Arbeit, bekommen wir eine Abmahnung. Gehst du mit Jeans und T-Shirt auf eine Hochzeit, bei der der Dresscode »Abendgarderobe« lautet, wirst du von deinem Umfeld skeptisch beäugt und als Fremdkörper wahrgenommen.

Man ist schnell geneigt zu sagen, dass die Angst vor solchen Sanktionen unser Antrieb ist, Regeln zu befolgen. Doch dem ist nicht so. Zu dem Ergebnis ist der Würzburger Psychologe Roland Pfister gekommen. »Wie beeinflussen Regeln unser Verhalten?« Mit dieser Forschungsfrage hat sich Pfister auseinandergesetzt.
Hältst du dich an die Verkehrsregeln, auch wenn weit und breit kein Polizist in der Nähe ist, der dich für ein Verkehrsdelikt bestrafen kann? Ja! Das konnte Pfister mit seinem Team in zahlreichen Experimenten herausfinden. Wir Menschen sind in den meisten Situationen immer auf der Suche nach Struktur und Ordnung. Nach etwas, auf das wir uns verlassen können. Das gibt uns Sicherheit – wo wir wieder bei einem unserer Grundbedürfnisse sind.
Besonders wichtig sind Regeln für unser Gehirn. Es braucht Regelmäßigkeiten, allen voran in komplexen Situationen. Ohne klare Regeln würde unser Gehirn die Welt für völlig chaotisch halten. Regeln bringen Struktur. Und Regeln, die Struktur schaffen, merkt sich unser Gehirn. Sobald du in eine Situation gerätst, für die in deinem Kopf eine Regel existiert, wird sie abgerufen und befolgt. Das geschieht völlig unbewusst, noch bevor du aktiv über die Situation nachdenkst. Letztlich ist unser Gehirn eine Maschine. Es versucht, in einer chaotischen und schnelllebigen Welt zu überleben und sich zurechtzufinden.
Stell dir vor, du kommst an eine Kreuzung, an der die Ampelanlage ausgefallen ist. Die klare Struktur, wer wann fahren darf, ist aufgehoben. Deine Routinen werden unterbrochen. Du musst die Situation in Bruchteilen von Sekunden bewerten und Entscheidungen treffen. Vorsicht ist geboten. Wir tasten uns langsam über die Kreuzung, um

einen Unfall zu vermeiden. Für dein Gehirn ist die fehlende Struktur erst mal Hochleistung – anders als bei der funktionierenden Ampel, wo wir unser Handeln an den unmissverständlichen Lichtsignalen ausrichten.

Alles, was Psychologie und Wissenschaft bisher über Wahrnehmung und Aufmerksamkeit wissen, funktioniert nur, wenn unser Gehirn Vorhersagen treffen kann. Und zwar darüber, wie sich bestimmte Situationen entwickeln könnten. Nein, es hat keine hellseherischen Fähigkeiten. Dafür greift es auf Regeln und Regelmäßigkeiten zurück. Ist die Ampel grün, sagt dein Gehirn voraus, dass es sicher ist, sie zu überqueren.

Vielleicht denkst du jetzt: »Ich nicht! Mein Gehirn braucht keine Regeln. Ich breche sie regelmäßig.« Das tun wir alle. Manche im Kleinen, manche im Großen. Die einen fahren schneller als erlaubt, andere wiederum erzählen die Unwahrheit, um sich einen Vorteil zu verschaffen. Alle Menschen tricksen zumindest hin und wieder in ihrem Alltag. Jetzt aber kommt der entscheidende Punkt: Jedes Mal, wenn wir eine Regel brechen, zögern wir innerlich kurz. Diese Erkenntnis hat Pfister in Computerexperimenten sichtbar gemacht, und zwar an der Art und Weise, wie sich die Probanden zum Zeitpunkt eines Regelbruchs verhalten haben (Lozina 2020). Das kurze Zögern hat seinen Grund, denn unser Gehirn hat Probleme, von eingetretenen Pfaden abzuweichen. Es scheint so zu sein, dass unser Denkorgan Flexibilität nicht mag und mehr ein Das-haben-wir-schon-immer-so-gemacht-Anhänger ist.

Ich selbst breche gerne Regeln. Ganz bewusst. Bei näherer Betrachtung muss ich mir aber eingestehen, dass ich vor den meisten Regelbrüchen auch tatsächlich kurz zögere. Selbst wenn ich unabsichtlich Regeln breche. Du sitzt im Auto und hast es eilig, weil du zu spät dran bist. Die Ampel vor dir schlägt auf Orange um. Du bist dir sicher, dass du die Kreuzung noch vor der Rotphase überqueren kannst, und trittst das Gaspedal durch. Rot. Mist. Was machst du ganz automatisch? Du versicherst dich durch einen Blick in den Rück- und Seitenspiegel, ob du irgendwo die Polizei siehst. Auch wenn du sie nirgends siehst, fühlst du dich für einen Bruchteil einer Sekunde ertappt und hast ein schlechtes Gefühl. Bei mir ist das zumindest so. Das ist dann wohl die fehlende Akzeptanz meines Gehirns fürs Regelbrechen.

Interessant ist, dass wir Menschen auch dann Regeln befolgen, wenn wir sie für unsinnig halten und ein Regelbruch keinerlei Sanktionen mit sich bringt. Auch das konnte Roland Pfister in Experimenten zeigen. Viele Probanden haben sich in Experimenten an die Anweisung gehalten, auf einem Tablet ganz bestimmte Wischbewegungen zu machen. Hätten die Versuchspersonen andere Wischbewegungen gemacht, hätten sie keinerlei Schaden verursacht. Fazit der Geschichte: Der Mensch ist für Regelbrüche nicht gemacht.

Allerdings gibt es Ausnahmen: Zum Beispiel, wenn dir ein Regelverstoß Vorteile verschafft. Dann fällt es uns nämlich leichter, sie zu brechen oder zu ignorieren. Auch das hat Pfister sichtbar gemacht. In einem weiteren Experiment spielten seine Probanden einen Pizzalieferdienst. Ihnen wurde ausdrücklich mitgeteilt, dass sie in eine bestimmte Straße nicht abbiegen dürfen, da sie eine Einbahnstraße ist. Wäre dieses Verbot nicht da, würden sie bei der Auslieferung einiges an Zeit sparen, denn es ist eine erhebliche Abkürzung. Long story short: Jeder zweite Proband hat gegen die Straßenregel verstoßen. Sie zögerten zwar kurz, aber sie nahmen die Einbahnstraße.

Auch wenn wir darauf getrimmt sind, Regeln zu befolgen, brechen wir sie regelmäßig. Die einen mehr, die anderen weniger. Auch dafür gibt es Gründe: Wir Menschen haben einen tiefen Wunsch nach Selbstbestimmung. Wir lieben die persönliche Freiheit. Die wenigsten von uns wollen gesagt bekommen, was sie zu machen haben. Sobald wir uns in unserem Handlungsspielraum eingeschränkt fühlen, geht es uns schlecht und wir haben den Drang, unsere Freiheit zu beweisen. Stört es dich, dass du auf der Arbeit nicht privat im Internet surfen darfst? Oder du in einer Bar nicht rauchen darfst? Dann fühlst du dich durch solche Regeln in deiner Freiheit eingeschränkt. Das geht jedem Menschen so, nur eben jeweils bei individuell ganz unterschiedlichen Regeln.
Wir reagieren auf Regeln stets mit zwei unterschiedlichen Reaktionen: Rationalisierung und Reaktanz. Reagierst du mit Rationalisierung, redest du dir die Welt innerlich schön – einfach dargestellt. Es ist ein geistiger Prozess, der durch einen emotionalen Konflikt ausgelöst wird. Wir haben eine Wunschvorstellung, die sich aber nicht erfüllt. Sprich, es kommt anders als wir wollen. Eine Regel steht uns entgegen. Anstatt in Panik auszubrechen oder tagelang frustriert durch die Welt zu laufen, akzeptieren wir die gegebene Situation und machen uns weis, dass wir es eigentlich schon immer so haben woll-

ten. Im Prinzip reden wir uns lieber etwas ein und verarschen uns so selbst. Der Grund ist ganz einfach: So stabilisieren wir unser Selbstwertgefühl.

Es gibt aber auch Menschen, die auf Regeln mit innerem Protest reagieren. Dir verbietet jemand eine Sache und auf einmal verspürst du den Drang, es umso mehr zu wollen. Erinnere dich nur mal an deine Kindheit zurück: Du wirst mit Sicherheit zahlreiche Beispiele finden, bei denen deine Eltern dir etwas verboten haben und du dir gedacht hast: »Jetzt erst recht!« Verbieten Eltern ihren Kindern das Essen von Schokolade, steigert das Verbot das Bedürfnis nach Schokolade umso mehr. Wird ein Fernsehverbot ausgesprochen, wird der Drang danach umso größer.
Was vormals eine Trotzreaktion von Kindern ist, führen einige Menschen im Erwachsenenalter fort. So gibt es zum Beispiel Männer, die sich beim Ansprechen einer Frau nach einem Korb erst richtig angespornt fühlen. Gemäß dem Motto: Etwas, das schwer zu erreichen ist, erscheint wertvoller. So macht das Nein einer Frau sie für solche Männer nur noch begehrenswerter.

Reaktanz finden wir auch bei der weitverbreiteten Dating-Strategie »Willst du gelten, mach dich selten« an. Bist du für deinen Angebeteten immer erreichbar und omnipräsent, wirst du uninteressant. Machst du dich aber rar und zeigst eher Desinteresse, wirst du umso attraktiver und interessanter. Einfach, weil die unbewusste Botschaft gesendet wird, dass der Angebetete für dich unerreichbar ist.

Schon wird das Bedürfnis nach ihm gesteigert. Hier kommt die Reaktanz ins Spiel, indem du diese Unerreichbarkeit nicht akzeptierst. Reaktanz ist eine wichtige Eigenschaft, denn sie hindert uns daran, blindlings Autoritäten zu folgen. Es kann aber auch passieren, dass ein so nützliches Instrument falsch ausgelöst wird, zum Beispiel bei sinnvollen Regeln. Bestes Beispiel hierfür ist die Maskenpflicht während der Covid-19-Pandemie. Wie viele Menschen haben sich doch dagegen gewehrt, eine Maske zu tragen. Das ging so weit, dass die Einstellung vieler zu diesem Thema immer extremer wurde.

Du wirst dich höchstwahrscheinlich in beiden Mustern wiederfinden, je nachdem, um welche Situationen und Regeln es sich handelt. Beide Reaktionen sind grundsätzlich verschieden und ergänzen sich weder, noch haben sie Gemeinsamkeiten.

Wann reagieren wir also mit Rationalisierung und wann mit Reaktanz? Die Psychologin Kristin Laurin von der Universität von Waterloo hat sich dieser Frage mit ihrem Team angenommen. Die Antwort: Unsere Reaktion hängt davon ab, wie drastisch und vollständig die Einschränkung ist. Um zu dieser Erkenntnis zu kommen, hat Laurin sechsundsiebzig Studenten einen Text zum Lesen gegeben. In diesem Text haben Verkehrsexperten die Vorteile eines Tempolimits in Städten aufgezeigt (das Experiment fand vor Einführung von Tempolimits in Städten statt). Sie teilte die Studenten in drei Gruppen auf. Gruppe eins bekam die Information, dass es bald durch ein Gesetz eine absolute Einschränkung geben werde. Gruppe zwei teilte man eine relative Einschränkung mit, nämlich dass es noch nicht sicher sei, ob es ein Gesetz geben werde. Gruppe drei erhielt keine weiteren Informationen. Zum Abschluss sollten die Testteilnehmer auf einer Skala von eins bis zehn angeben, wie sehr sie die Geschwindigkeitsbegrenzung in Städten unterstützen.

Die meisten Befürworter gab es in Gruppe eins. Gruppe zwei hingegen wehrte sich innerlich am meisten gegen eine Einschränkung. Zufall? Nein. Laurin kam in einem weiteren Experiment mit zweihundertachtundfünfzig Probanden zu einem ähnlichen Ergebnis. Hier ging es um das Handyverbot am Steuer. Bei den Probanden, die noch Hoffnung haben konnten, dass es keine Regulierung gibt, war der innere Widerstand am größten (Laurin 2012).
Beide Experimente lässt Laurin zu einem interessanten Fazit kommen: Wenn eine Einschränkung in Stein gemeißelt ist, reagieren Menschen tendenziell positiv darauf. Wir verharmlosen die Beschränkung für unsere persönliche Freiheit, damit wir besser mit der Regel zurechtkommen. Mit Reaktanz reagieren wir eher also, sobald wir auch nur eine minimale Chance auf Verhinderung einer Einschränkung haben.

Viele Regeln sind Verbote, weswegen ich zum Schluss des Kapitels nicht die Möglichkeit missen möchte, dir noch einen interessanten Fakt zum Thema »Verbote« mit auf den Weg zu geben.
Besonders Staat und Politik setzen gerne die Strategie des Angstmachens ein, damit wir uns an Regeln halten. Bestes Beispiel: die Debatte über die Anwendung von Triage in Krankenhäusern während der Coronapandemie. Aber auch in vielen anderen Bereichen wird mit dieser Strategie gespielt. Denke nur mal an eine Zigarettenschachtel.

Jedes Mal, wenn du im Supermarkt an der Kasse stehst, wirst du mit Schockbildern konfrontiert – ob du nun Raucher bist oder nicht. Das Prinzip dahinter ist klar: Du siehst eine Teerlunge oder einen sterbenden Menschen und sollst Angst bekommen. So viel Angst, dass du nicht zur Zigarette greifst.

Wissenschaftliche Untersuchungen zu solch einer Schocktherapie liefern allerdings gemischte Befunde. Zahlreiche Studien haben gezeigt, dass sich solche Bilder auf das Verhalten der Probanden eher mäßig auswirken. Ein tieferer Blick in die Forschung zeigt, dass Panikmache ohne Alternative nicht zielführend ist. Den Raucher werden Schockbilder kaum vom Rauchen abhalten. Er braucht konkrete Lösungsoptionen, wie er das Rauchen aufgeben kann, soll das Prinzip »Angst« funktionieren (Maibach-Nagel 2020). Regeltreue nur über Angst durchzusetzen ist keine vernünftige dauerhafte Strategie.

Ähnliches Prinzip findet sich an Autobahnen: Plakate mit Menschen, die bei Verkehrsunfällen wegen Geschwindigkeitsüberschreitungen oder wegen des Handys am Steuer ums Leben gekommen sind. Manchmal ist auch der trauernde Lebenspartner mit den halbverwaisten Kindern zu sehen. Das Ziel ist klar: Runter vom Gas und an die Regeln halten. Zwar wirken solche Bilder besser, je drastischer sie sind, ab einem bestimmten Punkt verpufft dieser Effekt aber, weil bewusst weggeschaut wird. Alternativ wird kurz das Tempo gedrosselt und nach einiger Zeit fällt man wieder in gewohnte Verhaltensmuster. Der Reiz ist zu kurz, als dass er für Veränderungen sorgt. Jeder, der schon einmal an einem schweren Autounfall vorbeigefahren ist, weiß um die Bedeutung solcher Bilder: Man ist kurz geschockt und fährt streng nach Vorschrift. Nach einigen Minuten ist alles wieder wie immer.

3.

Regel versus Freiheit – es gibt gute Gründe, selbst zu denken und selbst zu entscheiden

Mauro Morandi lebt seit zweiunddreißig Jahren auf einer einsamen Insel im Norden Sardiniens. Es war das Jahr 1989, als er mit seinem Katamaran in Richtung Pazifik aufbrach. Auf der Höhe der Insel Budelli bekam er Probleme und musste dort an Land gehen. Vom ersten Moment an war er begeistert von der Insel. Er wollte dortbleiben, fernab der Gesellschaft und anderer Menschen. Er folgte dem Drang, sich einem Leben von Regeln und Pflichten zu entziehen, und erhoffte sich etwas, das nur sehr wenige Menschen haben: Freiheit.

Was wie das Märchen von Robinson Crusoe klingt, ist tatsächlich Realität. Morandi selbst beharrt darauf, nicht mit Crusoe verglichen zu werden. »Robinson wollte zurück in die Gesellschaft und ich nicht«, so seine Worte.

Mauro Morandi hat seine eigene Definition von Freiheit: alleine sein, Freiheit im eigenen Handeln und keinerlei Regelbefolgung zum Wohle der Gesellschaft.

Und was bedeutet für dich Freiheit? Nur wenige machen sich darüber ernsthafte Gedanken. Viele reden von finanzieller Freiheit, örtlicher Freiheit oder Freiheit von Bestimmungen. Aber führt uns das wirklich zu einem Leben in Freiheit?
»Freiheit bezeichnet die Fähigkeit des Menschen, aus eigenem Willen Entscheidungen zu treffen«, so definiert das »Gabler Wirtschaftslexikon« den Freiheitsbegriff. Freiheit ist also gleichbedeutend mit autonomem Handeln.
Tatsächlich beschäftigt die Bedeutung von Freiheit Philosophen schon seit Jahrhunderten. Eine universelle und allgemeingültige Definition gibt es nicht. Freiheit ist von zu vielen verschiedenen Parametern abhängig und wird individuell empfunden. Vor zweitausend Jahren hat ein Sklave unter Freiheit etwas anderes verstanden, als Menschen es im 21. Jahrhunderten. Menschen in Nordkorea verstehen unter Freiheit etwas anderes als Menschen in Europa. Freiheit lässt sich nicht verallgemeinern. Das ist alleine schon der Tatsache geschuldet, dass der Freiheitsbegriff einem permanenten Wandel ausgesetzt ist, der soziale, psychologische, kulturelle, politische, rechtliche und religiöse Dimensionen beinhaltet.

Betrachtet man die gesellschaftliche Bedeutung von Freiheit, muss man leider feststellen, dass wir wirklich frei nie sein werden. Wir Menschen sind immer Teil einer Gesellschaft, die gemeinsame Werte und Ideale hat. Oder Traditionen, die Regeln und Normen vorgeben. In Deutschland sind viele Freiheiten reguliert, die einen kleinen Teil der Gesellschaft einschränken und dem größeren Teil Freiheit geben. So gibt es unter anderem Verordnungen, zu welchen Zeiten man in seiner Wohnung laut Musik hören darf. Einige fühlen sich durch diese Regulierungen in ihrer Freiheit eingeschränkt. Vielen anderen ermöglicht es die Freiheit, in Ruhe zu schlafen. Von diesen freiheitsbringenden Lärmschutzverordnungen gibt es eine ganze Menge. Man darf beispielsweise in den meisten Kommunen zwischen zweiundzwanzig Uhr und sieben Uhr und zwischen dreizehn Uhr und fünfzehn Uhr keine lauten Arbeiten durchführen. An Sonn- und Feiertagen gilt das Verbot für den ganzen Tag. Einige wenige Bürger werden sich dadurch eingeschränkt fühlen – zum Beispiel Unternehmer, die sechs Tage durcharbeiten und nur sonntags Zeit haben, den Rasen zu mähen. Diese Regulierung schränkt sie in ihrer Freiheit ein. Viele andere erhalten hierdurch die Freiheit, in Ruhe den Sonntag zu genießen. Solche Regeln und Gesetze ermöglichen Freiheit im Zusammenleben und orientieren sich an dem, was für die Mehrheit nützlich ist. Im Vordergrund steht immer das Kollektiv. Wer sich dem entziehen möchte, muss ein Leben wie Mauro Morandi führen – fernab jeglicher Gesellschaftsformen.

Für viele ist das aber unvorstellbar. Die Gründe sind in der menschlichen Natur zu finden. Der Mensch kann in vollständiger Isolation nicht überleben. Die Natur hat es nicht vorgesehen, dass wir alleine sind. Soziale Kontakte sind fest in unseren Grundbedürfnissen verankert. Weil dem so ist, gab und gibt es bis heute noch weltweit Isolationshaft in zahlreichen Gefängnissen. Im Zuge dieser Haft werden Häftlinge, die durch das Eingesperrtsein schon bestraft sind, zusätzlich bestraft, wenn Gefängnisregeln nicht befolgt werden. Man wird für vierundzwanzig Stunden oder länger auf kleinstem Raum eingesperrt. Wer sich in Isolationshaft befindet, wird permanent den gleichen Reizen ausgesetzt. Die Bewegung ist eingeschränkt, die körperliche Wahrnehmung wird reduziert und nach ein paar Stunden sind bereits die ersten psychischen Symptome erkennbar. Es ist eine der härtesten Strafen überhaupt. Zahlreiche Gefangene haben Morde gestanden, die sie nicht begangen haben, nur um aus der Isolationshaft herauszukommen. Psychologen nennen sie »weiße Folter«, weil sie keine äußeren Spuren hinterlässt und schlimmer ist als jede Form der physischen Folter.

Der Mensch braucht den Kontakt zu anderen Menschen. Mal mehr, mal weniger. Aber er ist nicht dafür gemacht, ein Leben lang in Einsamkeit zu verbringen. Mauro Morandi und einige andere vielleicht, aber das sind absolute Ausnahmen. Das bedeutet: Wirklich frei werden wir nie sein. Als Kollektiv vielleicht, aber nicht als Individuum. Will man nicht alleine sein, ist man auf die Akzeptanz seiner Mitmenschen angewiesen. Für diese Akzeptanz werden Regeln und Normen befolgt. Entspricht man nicht der gesellschaftlichen Norm, müssen deutliche Einschränkungen der persönlichen Freiheit hingenommen werden. Als Folge distanziert sich die Masse von Individuen, die nicht regelkonform handeln. Für die betroffene Person selbst bedeutet das soziale Isolation.

Gesteht das Kollektiv Individuen individuelle Freiheit zu, entsteht eine Wechselbeziehung zwischen individueller und kollektiver Freiheit. Diese Wechselbeziehung herrscht immer dann, wenn wir die Freiheit, die wir für uns selbst beanspruchen, auch anderen zugestehen. Was logisch klingt, sieht in der Realität oftmals anders aus, was uns große gesellschaftliche Probleme bereitet.

Was das Kollektiv macht, ist in Ordnung. Individuelles hingegen ist nicht erwünscht. Wer anders ist und seine individuelle Freiheit auslebt, wird selten von der breiten Masse akzeptiert. Zu dieser individuellen Freiheit zählt unter anderem auch die sexuelle Freiheit. Homosexualität ist immer noch nicht gesellschaftsfähig und führt zu Einschränkungen der Freiheit. Jetzt denkst du vielleicht: Spätestens seitdem in Deutschland gleichgeschlechtliche Eheschließungen möglich sind, ist diese Gesellschaftsfähigkeit gegeben. Nur ein Beispiel: Homosexuelle und bisexuelle Männer dürfen in Deutschland kein Blut spenden. Es sei denn, sie hatten ein Jahr lang keinen Sex mit einem anderen Mann. Das ist diskriminierend und zeigt, wie sehr unsere Gesellschaft bei dem Thema »sexuelle Freiheit« noch hinterherhinkt. Die gute Nachricht an der Stelle: Ab Herbst 2021 wird diese Einschränkung aufgehoben. Dennoch zeigt es die immer noch fehlende gesellschaftliche Akzeptanz individueller Freiheit. Homosexualität entspricht eben nicht der Norm und ist nur ein Beispiel von vielen.
Individuelle Freiheit bedeutet aber mehr als die eigene Sexualität: Handlungsfreiheit, Bewegungsfreiheit, Bildungsfreiheit, finanzielle Freiheit und Religionsfreiheit, um einige Beispiele zu nennen.

Beschäftigt man sich mit dem Freiheitsbegriff, lohnt sich ein Blick auf innere und äußere Freiheit. Letztere ist sehr einfach zu erklären: Man ist unabhängig, wird nicht unterdrückt und befindet sich nicht in irgendeiner Form der Gefangenschaft. Das rechtliche, soziale und politische Umfeld bietet einem die Möglichkeit, sich ohne äußere Einschränkungen frei zu bewegen. Wir können uns an der Stelle glücklich schätzen, in Deutschland geboren zu sein oder zu leben. Es gibt viele Länder auf der Welt, wo diese Form der äußeren Freiheit nicht gegeben ist. Was es bedeutet, wenn äußere Freiheit eingeschränkt ist, konnte jeder von uns während der Lockdowns im Zuge der Coronapandemie erfahren.

Von mindestens genauso großer Bedeutung ist die innere Freiheit. »Diese bezieht sich auf den Menschen und darauf, seine persönlichen, ihm zur Verfügung stehenden Fähigkeiten ohne Zwang oder Druck zu nutzen« (Kraus 2021). Aber reicht innere Freiheit, um wirklich frei zu sein? Oder ist man in Wirklichkeit nur ein Gefangener seines eigenen Systems? Wer Antworten sucht, muss erkennen, dass wir objektiv frei sind, subjektiv aber nur ganz wenige von uns (von Behr 2020).
In die äußerliche Freiheit werden wir größtenteils reingeboren. Mit innerer Freiheit wird hingegen niemand geboren. Diese Form der Freiheit müssen wir uns erarbeiten. Innere Freiheit ist ein Prozess, der immer in Gang bleibt. Wer das erkennt, hat zahlreiche Möglichkeiten, sie sich zu verschaffen.

Es kommt so oft vor, dass wir unsere Gefühle unterdrücken und uns nicht trauen, sie auszusprechen. Uns werden vom Kindesalter an gesellschaftliche Normen vermittelt, fast indoktriniert, sodass wir teilweise wie Marionetten in einem System gefangen sind. Es wird vorgegeben, was wir wie zu machen haben. Das bekommen wir in der Schule bereits gelehrt: Wer in seinem Leben etwas erreichen möchte, muss gute Noten haben. Gute Noten bedeuten einen guten Abschluss. Ein guter Abschluss bedeutet einen Studienplatz an einer prestigeträchtigen Universität. Ein Abschluss an einer prestigeträchtigen Universität wiederum ist ein Garant für einen gut bezahlten Job. Ein gut bezahlter Job legt den Grundstein für ein glückliches und erfolgreiches Leben – so zumindest die Idealisierung der Schule und größtenteils der Gesellschaft. Hier werden wir oftmals unserer inneren Freiheit beraubt.

Es werden falsche, limitierende Glaubenssätze vermittelt. Das hat zur Folge, dass Menschen häufig Entscheidungen treffen, die nicht primär ihnen selbst nutzen, sondern die dazu führen, dass sie in das jeweils gültige Gesellschaftsbild passen. Das Individuum soll den Erwartungen der Gesellschaft entsprechen und so das bestehende System stabilisieren.

Wer so handelt und sich die Glaubenssätze seiner Umwelt zu eigen macht, zahlt einen hohen Preis. Er gibt seine innere Freiheit auf. Die Konsequenz daraus ist ein fremdbestimmtes Leben. Man ist eine Marionette, die gesteuert werden kann. Innere Freiheit ist also streng verknüpft mit einem selbstbestimmten Leben.

Seit einigen Jahren findet ein gesellschaftlicher Wandel statt. Die Anzahl derer, die für sich selbst ein selbstbestimmtes Leben beanspruchen, wird immer größer. Ein Großteil der Generationen Z und Y erhebt den Anspruch, innerlich frei zu sein, bereits für sich.

Lebensglück und Erfolg sind ganz eng an Freiheit und Unabhängigkeit gekoppelt. Dafür müssen wir aufhören, die Erwartungen anderer Menschen erfüllen zu wollen. Vielmehr müssen wir unseren eigenen Erwartungen gerecht werden. Wir müssen Regeln und Normen hinterfragen und bewerten. Nur so haben wir eine Chance, aus unserem inneren Gefängnis auszubrechen. »Die Fähigkeit, ein Nein auszusprechen, ist der erste Schritt zur Freiheit«, so denkt der Schriftsteller Nicolas-Sébastien de Chamfort über Freiheit.

Es ist lohnenswert, Freiheit für sich selbst zu definieren und sich mit der Frage »Was bedeutet für mich Freiheit?« intensiv auseinanderzusetzen. Für mich bedeutet Freiheit, kein Gefangener meiner Gedanken und Emotionen zu sein. Innere und äußere Freiheit resultieren aus diesem Anspruch. Aber das ist nur meine ganz persönliche Definition von Freiheit.

4.

Das haben wir schon immer so gemacht

Es ist das Jahr 1985. Ein irischer Unternehmer namens Tony Ryan gründet die Fluggesellschaft Ryanair. Seine Vision: Mit günstigen Flugtickets den nationalen Marktführer angreifen. Das Unternehmen verzeichnete ein schnelles Wachstum. Leider wuchs auch der Schuldenberg und es dauerte nicht lange, bis das noch junge Unternehmen vor der Pleite stand. Tony Ryan engagierte den Wirtschaftsprüfer Michael O'Leary, der allerdings nur eine Empfehlung aussprach, Insolvenz anzumelden. Dann kam der erste Geniestreich von Tony Ryan: Er machte O'Leary zum neuen CEO.

O'Leary wollte einen neuen Markt in Europa gründen – und er hat ihn gegründet: den Markt der Billigflieger. Dafür hat er viele Normen, Regeln und Gesetze des Marktes ignoriert:

Wer sagt, dass eine Airline unbedingt von großen Airports in Metropolen starten muss? Niemand. Ryanair steuert Provinzflughäfen an. Warum muss es aufwendige Flüge mit Zwischenstopps geben? Muss es nicht. Ryanair hat nur Nonstop-Flüge.
Finanziell lukrativ sind nur Langstreckenflüge? Das sieht Ryanair anders.
Warum braucht eine Fluggesellschaft mehrere Flugzeugtypen? Es geht auch mit einem!

Check-in nur am Flughafen? Kostet nur unnötiges Personal und ist online günstiger realisierbar. Daher Online-Check-in.
Es muss auf einem Flug einen Bordservice für die Fluggäste geben? Auch das sieht der neue CEO von Ryanair anders. Er streicht jeglichen kostenlosen Service an Bord.
Eine Airline verdient ihr Geld mit dem Transport von Fluggästen? Nicht in der Welt von Ryanair. Man legte den Fokus auf attraktive Zusatzgeschäfte. Kooperationsverträge mit Tourismuspartnern, Vermietung der Sitzrückseite als Werbefläche und Verkauf von Essen und Trinken während des Fluges, um nur einige Einkommensquellen zu nennen. Was viele Fluggäste bei Ryanair stört, ist in Wirklichkeit das eigentliche Kerngeschäft des Unternehmens.

Das Erfolgsgeheimnis von Ryanair liegt auf der Hand: Regeln wurden größtenteils ignoriert oder gänzlich gebrochen. Nicht nur ein paar, sondern so ziemlich alle, die sich über Jahre hinweg auf dem Markt etabliert haben. Die Strategie war ein voller Erfolg. Ganz nebenbei schwächte sie auch noch die Konkurrenz. Wer zahlt schon für einen Flug nach Mallorca zweihundert Euro, wenn er ihn für sechzig Euro buchen kann?
Das Konzept der »Billigflieger« war nicht neu und wurde auch nicht von O'Leary erfunden. Die Idee gab es schon zwanzig Jahre früher. Southwest Airlines hat mit dem Prinzip »Billigfluggesellschaft« schon 1971 erfolgreich begonnen. Die Branche wusste, dass es ein lohnenswertes Konzept sein könnte. Nur hat sich niemand darum gekümmert. Niemand wollte die Gunst der Stunde nutzen, die Chance zu packen und umzusetzen. Mit den bewährten Konzepten waren die

etablieren Fluggesellschaften auf Erfolgskurs. Es gab keinen Grund, etwas zu ändern. Zwanzig Jahre lang war die Chance in den Hinterköpfen der Topmanager verborgen. Bis O'Leary sie 1999 nahm. Der Rest ist Geschichte.

Nichts ist beständiger als der Wandel. Dennoch schaffen es viele Unternehmen nicht, sich von veralteten Traditionen und Strategien zu lösen. Das führt dazu, dass sie den Wandel entweder nicht erkennen oder ihn vollends verschlafen. Viele Organisationen sind so sehr auf ihre Unternehmensphilosophie, ihr Leitbild und die Strategie fokussiert, dass sie neue Wege links liegen lassen. Es gibt heute noch Traditionsunternehmen, die der Meinung sind, soziale Netzwerke passen nicht in ihre Unternehmensstrategie. Die Strategie anpassen? Weit gefehlt. Dafür müsste man sich von Bewährtem trennen, was nicht gewünscht ist. Unternehmen zahlen dafür einen hohen Preis. Wir sehen es seit Jahren exemplarisch im professionalisierten Fußball anhand der sogenannten Traditionsvereine. Vielen dieser Vereine in Deutschland sind Sponsorenklubs ein Dorn im Auge. Es wird die Meinung vertreten, dass sie dem Fußball schaden. Besonders aktuell wurde das nach dem Aufstieg von RB Leipzig in die Bundesliga. Es passt nicht in das Weltbild eines Traditionsvereins, dass ein Verein mit einem starken Wirtschaftspartner im Rücken erfolgreich ist. Und warum passt es nicht in deren Weltbild? Weil krampfhaft versucht wird, an einer veralteten Tradition festzuhalten. Nur hat sich die Welt weiterentwickelt. Wir Menschen haben uns weiterentwickelt. Der Sport hat sich weiterentwickelt. Nichts gegen die Tradition, aber damit kann heutzutage eben nicht mehr erfolgreich Fußball gespielt werden. Fußballvereine sind Wirtschaftsunternehmen. Die Kommerzialisierung ist immerzu weiterentwickelt worden. Wer Erfolg möchte, muss mit finanzstarken Sponsoren aus der Wirtschaft kooperieren. Mit einer Tradition, die aus Zeiten stammt, wo Fußball noch kein Millionengeschäft war, kann heute kein Verein konkurrenzfähig sein. Losgelöst von diesem Beispiel gilt: Tradition steht dem Erfolg oftmals im Weg. Man muss Entscheidungen treffen: Bleibt man seiner Tradition treu oder geht man neue Wege?

Will man zeitgemäß handeln, was nötig ist, um am Markt überleben zu können, muss mit veralteten Traditionen gebrochen werden.

Ein Blick in den öffentlichen Dienst genügt, um die Tragweite solcher Entscheidungen zu sehen. Der öffentliche Dienst ist geprägt von Beamten – und was möchten Menschen, die eine Beamtenlaufbahn einschlagen?

Sicherheit. Das ist zugleich auch die Antwort auf die Frage, warum sich Behörden und staatliche Institutionen wenig bis gar nicht weiterentwickeln. Fortschritt und Sicherheit beißen sich, sie sind nicht miteinander kompatibel.

Warum haben wir ein katastrophales Schulsystem in Deutschland, in dem unsere Kinder größtenteils verblöden?

Es fehlen die Köpfe, die mit dem alten System brechen und neue Wege gehen. Zeitgemäße Wege. Aber wer soll das machen: Beamte, die neue Wege scheuen und Sicherheit als erstrebenswerter ansehen als Fortschritt?

Hier greift die Regel: »Was einmal erfolgreich war, wird auch immer erfolgreich sein.« Ein Trugschluss, der irgendwann nicht mehr zu korrigieren ist.

Krampfhaftes Festhalten an alten Strukturen und Prinzipien schadet der Gesellschaft und somit uns allen. Wir bewegen uns aktuell leider in eine gefährliche Richtung. Ein Viertel der Nachwuchsführungskräfte unserer Gesellschaft wollen beim Staat arbeiten. Zu der Erkenntnis ist eine Studie gekommen. Schon vor der Coronapandemie zählte der Staat bei Studenten zum beliebtesten Arbeitgeber. Die Pandemie an sich hat genau das noch einmal verstärkt. Oliver Simon, Personalexperte bei Ernst & Young, bestätigt diese Entwicklung. Laut ihm haben die Erfahrungen der Krise dazu geführt, dass Hochschulabsolventen bei der Berufswahl so sicherheitsorientiert sind wie nie zuvor (Koschik/Scheppe 2020). Für zwei Drittel der Studierenden zählt es zum wichtigsten Kriterium, einen sicheren Job zu haben. Hier hat definitiv ein Wandel stattgefunden, denn vor einigen Jahren sah das noch ganz anders aus: Möglichst viele Entscheidungen treffen dürfen und eigene Ideen verwirklichen – das war bei der Berufswahl entscheidend für junge Leute.

Diese Entwicklung ist besorgniserregend, ordnen wir sie perspektivisch ein: »Entscheidungen treffen« und »eigene Ideen umsetzen« ist das, was eine Gesellschaft weiterbringt. Streben die nächsten Generationen Jobs an, die maximale Sicherheit versprechen, ist das gleichbedeutend mit Stillstand.

Die Gründe für diesen Wandel liefert der Berliner Bildungs- und Jugendforscher Klaus Hurrelmann. Besonders die Generation Y ist in Zeiten von Unsicherheiten groß geworden. Die verheerenden Terroranschläge des 11. Septembers 2001, die Weltfinanzkrise 2008, die Atomkatastrophe von Fukushima 2011 oder aktuell die Coronakrise – alle diese Ereignisse führen zu einem Drang nach Sicherheit. Und diese Sicherheit erhoffen sich die meisten Menschen durch eine Jobgarantie (Koschik/Scheppe 2020). Der Staatsdienst liefert genau das. Wer in der freien Wirtschaft arbeitet oder gar selbstständig ist, hat keinen sicheren Job. Die Gefahr, ihn zu verlieren oder keine Aufträge mehr zu erhalten, ist immer da. Nicht so beim Amt. Hier gibt es keine Kurzarbeit, keine Kündigungen und erst recht keine Insolvenzsorgen. Man hat einen krisensicheren Job, der zudem finanzielle Sicherheit bietet. Dazu gesellen sich noch die höheren Pensionen im Alter, die soziale Sicherheit garantieren.

Diese Sicherheit wird auch auf der persönlichen Ebene angestrebt. Durch das Festhalten an Bewährtem erhofft man sich Sicherheit. Viele Menschen gehen einem Job nach, den sie nicht mögen. Eigentlich ist man unglücklich, andererseits zahlt der Arbeitgeber ein gutes Gehalt, was wiederum ein angenehmes Leben gewährleistet. Wer kündigt, ist der Gefahr ausgesetzt, keine neue Anstellung zu finden. Das bringt die eigene Sicherheit ins Wanken, also geht man weiter einer Tätigkeit nach, die unglücklich macht. Gleiches gilt für das Privatleben: Es wird in Beziehungen an Partnern festgehalten, die man nicht mehr liebt. Denn dann ist man nicht alleine und das gibt ein Gefühl der Sicherheit. Das gilt nicht nur für einen selbst, sondern auch für die Außendarstellung. Was sagt bloß das Umfeld, wenn man mit Anfang vierzig wieder Single wäre. In der Summe fällt das Risiko einer Trennung höher ins Gewicht als der Drang, glücklich zu werden. Also wird an dem festgehalten, was man hat.

So gibt es auch Menschen, deren Freundeskreis mit Mitte dreißig aus den Schulfreunden besteht. Vielleicht hat man Freunde fürs Leben gefunden – aber die Wahrheit ist in den meisten Fällen eine andere: Man hält einfach am Bestehendem fest. Seit der Schulzeit ist dann doch einiges passiert: Neue Lebenserfahrungen, persönliches Wachstum, Ortswechsel, Manifestierung von Lebenseinstellungen – da darf berechtigterweise gefragt werden, ob die Schulfreunde mit dem eigenen Lebensentwurf noch kompatibel sind. Es ist häufig ein Indiz, dass man nicht loslassen kann und unbewusst soziale Sicherheit anstrebt.

Die große Herausforderung für jeden Menschen besteht darin, sich von alten Mustern zu lösen und »Altes« loszulassen. Nur dann haben wir eine realistische Chance, uns selbst weiterzuentwickeln. Damit sind auch diejenigen angesprochen, die ihr Business auf den nächsten Level heben wollen. Neues kann nur entstehen, wenn man sich von Altem trennt. Niemand kann erwarten, neue Wege zu gehen oder positive Veränderungen herbeizuführen, wenn immer nur das gemacht wird, was immer gemacht wurde.

Auch in der Wirtschaftswelt wird gerne an Grundsätzen festgehalten wie »Never change a winning team« oder »Unsere Strategie haben wir schon immer verfolgt«. Wer sein Unternehmen nach solchen Grundsätzen ausrichtet, macht es unmöglich, neue Wege zu gehen und verhindert so jede Form langfristigen Erfolgs. Erfolgreiche Strategien der Vergangenheit sind nicht zwangsläufig auch erfolgreiche Strategien für die Gegenwart oder die Zukunft.
Wir brauchen den Mut, die Vergangenheit das sein zu lassen, was sie ist: vergangen. Aber warum haben wir Menschen so große Probleme damit?

Warum halten Unternehmen krampfhaft an altbewährten Strategien fest? Die Antwort kennst du schon: maximale Sicherheit.

Ryanair ist mit seiner Strategie ein hohes Risiko eingegangen. O'Leary hat eine Entscheidung getroffen: Eliminieren der alteingesessenen Strategie und die Chance auf etwas Neues. Dabei hat er ein klares Ziel vor Augen gehabt. Es sollten Wege gegangen werden, die die Konkurrenz nicht geht. Ob diese Wege zum Ziel führen, war ungewiss. Für Gewissheit hätte es Fakten, Analyseergebnisse und Erfahrungswerte gebraucht, aber die gab es nicht. Die gibt es nie, entscheidet man sich für etwas Neues. Das Risiko ist auf neuen Wegen der ständige Begleiter. Für viele Menschen ist diese Begleitung unerwünscht. Es ist die Ungewissheit, die uns dazu bringt, an Altem festzuhalten. Aber ist es nicht genau dieses Ungewisse, dieses Risiko, nicht zu wissen, was schlussendlich dabei rauskommt, das das Leben so interessant, bunt und spannend macht?

5.

Hauptsache, alles nach Vorschrift – Regel(ge)recht untergehen

Deutschland ist weltweit bekannt für seinen Ordnungssinn. Wir regeln so gut wie alles. Es liegt in unserer Mentalität, dass jeder weiß, was er zu tun hat. Besonders, wenn es um Prozesse in der Zukunft geht. Sollte irgendwann mal etwas relevant sein, brauchen wir dafür eine Regel, und zwar vorher. Das gibt uns Sicherheit. Und wir Deutschen lieben Sicherheit.
Den meisten Menschen gibt es ein gutes Gefühl, nach einem festgelegten Verhaltensmuster zu handeln, sollte in Zukunft etwas Ungewisses passieren. Das Problem dabei ist, dass die Zukunft die Zukunft ist. Sie ist nicht vorhersehbar.

Regeln für die Zukunft festzulegen macht nur dann Sinn, wenn man in einer perfekten Welt lebt. Das tun wir aber nicht, wir leben nicht unter Laborbedingungen. Es ist nicht möglich, alles komplett zu überschauen. Die heutige Zeit ist geprägt von permanentem Wandel. Das führt dazu, dass Regeln im Weg stehen können oder angepasst werden müssen, weil sie sich als nicht mehr nützlich herausstellen. Diese Flexibilität ist uns größtenteils abhandengekommen. Es wird versucht, in der Gegenwart die Zukunft zu regeln, ohne alle verfügbaren Informationen zu haben. Niemand kann in die Zukunft schauen.

Natürlich sind gewisse Tendenzen absehbar, mehr aber auch nicht. Es ist nicht möglich, Prozesse in der Zukunft im Detail zu regulieren. Dennoch wird es gemacht, denn es gibt uns Sicherheit.
Für diese Art des Handelns bezahlen wir einen hohen Preis, denn sie beraubt uns unserer Flexibilität und Anpassungsfähigkeit. Irgendwann stellen wir fest, dass ein regulierter Prozess gar nicht in die tatsächliche Realität passt – und was machen wir? Anstatt den regulierten Prozess aufzugeben, ignorieren wir die Realität.
Das musst du dir mal auf der Zunge zergehen lassen: Wir haben einen Plan, der nicht funktioniert oder nicht zu der tatsächlichen Situation passt. Anstatt den Plan anzupassen, versuchen wir auf Biegen und Brechen diesen Plan zu durchzusetzen.

Während der Covid-19-Pandemie ist für die Bundesregierung die Inzidenzzahl das entscheidende Kriterium für gesellschaftliche Einschränkungen gewesen. Diese Zahl wurde zu Beginn der Pandemie mit fünfzig als kritischem Maßstab festgelegt. Es wurden Regeln aufgestellt, welche Einschränkungen greifen, sollte dieser Wert überschritten werden. Wir wissen alle, was passiert ist: Er wurde überschritten und schnell war klar, dass ein Inzidenzwert von unter fünfzig so schnell nicht mehr zu erreichen ist. Dass die Inzidenzen im Laufe der Pandemie stiegen, war absehbar, denn mit der Einführung von flächendeckenden Schnelltests wurde mehr auf das Virus getestet. Jetzt die Krux an der Geschichte: Die Bundesregierung hat einen Plan erstellt zu Zeiten, in denen es noch keine Schnelltests gab. Mit den Tests sind die Zahlen gestiegen, was nur logisch ist. Wo mehr getestet wird, gibt es mehr positive Tests. Die Inzidenzzahl von fünfzig war ab diesem Punkt keine aussagekräftige Kennziffer mehr. Anstatt die Zahl anzupassen, hat man krampfhaft an diesem Schwellenwert festgehalten und die aufgestellten Regeln durchgezogen. Der Rest ist Geschichte.

Dieses Beispiel ist auf viele Bereiche des Lebens übertragbar, ganz besonders aber auf die Arbeitswelt und Wirtschaft.
Seit vielen Jahren ist Compliance ein Topthema in Unternehmen und Konzernen. Einfach gesagt bedeutet Compliance zunächst die Einhaltung aller gesetzlichen Bestimmungen durch Unternehmen – zunächst. Weiter umfasst es auch die Schaffung organisatorischer Präventionsmaßnahmen im Unternehmen, um einerseits die gesetzlichen und andererseits die vom Unternehmen selbst festgelegten Regeln einzuhalten. Compliance ist nicht nur ein Begriff, es ist ein nicht verhandelbares Regelwerk, das alle Mitarbeiter eines Unternehmens einzuhalten haben.

Werden Gesetze missachtet, kann das für Unternehmen enorme Auswirkungen haben: Geldstrafen, Schadenersatzklagen oder Gewinnabschöpfungen, um nur einige zu nennen. Ebenfalls mit Sanktionen zu rechnen haben Mitarbeiter, die gegen die vom Unternehmen selbst definierten Regeln verstoßen. Die Sanktionen reichen bis hin zur fristlosen Kündigung. Im Prinzip stellen Unternehmen Regeln auf, damit Mitarbeiter keine Regelverstöße praktizieren. Sollte es dennoch zu einem Verstoß kommen, sollen diese Verstöße so schnell wie möglich identifiziert werden. Die angemessene Reaktion auf den Regelverstoß liegt schon direkt mit dabei, denn sie ist ebenfalls im Vorfeld definiert worden. Es ist Handeln auf Abruf: Irgendwas passiert und es kann im Regelbuch nachgelesen werden, wie man sich zu verhalten hat.

Stell dir vor, du bekommst von einem Geschäftspartner nach Abschluss eines erfolgreichen Projekts als Dankeschön eine Uhr im Wert von dreihundertfünfzig Euro geschenkt. Darfst du sie annehmen?
Das hängt von deinem Arbeitgeber und dem dort herrschenden Compliance ab. Handelt es sich um einen großen Konzern, wird es wahrscheinlich eine Regel geben, wie du dich in dieser Situation zu verhalten hast. Oftmals sind Geschenke von Geschäftspartnern und Kunden nur in Höhe eines bestimmten Warenwertes anzunehmen. Im Prinzip schreibt der Arbeitgeber dir vor, wie du dich zu verhalten hast, sollte eine bestimmte Situation eintreffen.
Es wird viele geben, die ihrem Arbeitgeber dankbar sind, ein vorgefertigtes Verhaltensmuster für diese Situation vorgelegt zu bekommen – und genau da ist das Problem. Compliance ist vom Grundsatz her ein starkes und wertvolles Werkzeug. Es verhindert unter anderem die Bildung von Kartellen oder Preisabsprachen zwischen Konkurrenten. Dem gegenüber stehen allerdings die unternehmensinternen Regeln: Sie stehen im Weg und nehmen Mitarbeitern die Fähigkeit des Denkens. Nach Abschluss eines erfolgreichen Projektes sollte jeder erwachsene Mensch selbst entscheiden können, ob er eine Uhr als Dankeschön einer guten Zusammenarbeit annimmt oder nicht. Das Projekt ist abgeschlossen und ein Geschenk verfolgt nicht den Hintergedanken der Bestechung.
Nur welche Optionen bleiben einem Unternehmen, wenn die Mitarbeiter vor lauter Regeln nicht mehr selbst denken können?

Es ist ein Teufelskreis mit weitrechenden Folgen.

In den Anfängen meiner Selbstständigkeit habe ich Inhouseseminare zum Thema Onlinemarketing angeboten. Mich buchte ein mittelständisches Unternehmen für ein Tagesseminar. Das Seminar, ich werde es nie vergessen, startete um neun Uhr morgens. Um acht Uhr war ich bereits beim Kunden. Mir war es von jeher wichtig, vor einem Seminarstart die Technik zu checken und sicherzugehen, dass alles funktioniert.
Am Empfang angekommen erhielt ich einen Tagespass, mit dem ich mich im Unternehmensgebäude bewegen konnte. Eine sinnvolle Maßnahme, damit Fremde keinen Zutritt zum Unternehmen haben. Als ich nach meinem Seminarraum fragte, wurde ich mit einer Reihe von Problemen konfrontiert: Der Raum befand sich in der ersten Etage. Die Nutzung des Fahrstuhls war mit einem Tagespass nicht möglich, nur mit einem Mitarbeiterausweis. Das Treppenhaus war nur für den Notfall und durfte ebenfalls nicht genutzt werden. Wie also in die erste Etage kommen?
Es stellte sich heraus, dass ich der erste externe Trainer war, der ein Seminar im Unternehmen durchführt. Hierfür gab es keine Verhaltensregeln. Auf meine Frage, wie ich in den Seminarraum kommen soll, entgegnete man mir nach einem Telefonat, dass ich fünf Minuten vor dem Seminarstart von einem Seminarteilnehmer am Empfang abgeholt und in den zugewiesenen Raum gebracht werde – leider wusste das niemand der Seminarteilnehmer.

Ich startete das Seminar mit einer halbstündigen Verspätung, nachdem ein Teilnehmer zum Empfang kam, um nachzufragen, wo der Trainer bleibt.
Die Problemkette setzte sich aus meiner Sicht fort: Externe durften sich nicht mit dem WLAN verbinden und Mitarbeiter keine Hotspots für Externe eröffnen.
In der Mittagspause konnte ich in der Kantine das Essen nicht bezahlen, weil kein Bargeld angenommen werden durfte. Bezahlen konnte man nur mit einem Mitarbeiterausweis, ergo kein Essen für mich.
Kurz vor Abschluss des Seminars fragte ein Teilnehmer nach dem Skript, das ich daraufhin auf einem USB-Stick speicherte und zur Verfügung stellte. Wie sollte es anders sein, durften die Mitarbeiter keine externen USB-Sticks nutzen. »Unternehmensregel«, wie ich zum wiederholten Mal gesagt bekam.

So amüsant die Geschichte auf den ersten Blick klingt, so traurig ist sie auf den zweiten Blick. Das Unternehmen meldete ein paar Jahre später Insolvenz an und konnte die Pleite nicht abwenden. Wirklich verwunderlich ist das nicht. Wenn Prozesse im Kleinen nicht funktionieren, können sie es auch nicht im Großen. Ein Unternehmen, das keine Lösungen findet, wenn ein externer Trainer nicht in den Seminarraum kommt, wird auch keine Lösungen für rasante Marktentwicklungen oder andere wirtschaftliche Probleme finden.

Wie will hier Flexibilität gelebt werden?
Wie sollen Krisen erfolgreich gemeistert werden?

Das kann nicht funktionieren. In dem Unternehmen wurde alles reguliert. Gab es für Situationen und Abläufe keine Regel, wusste niemand, was zu tun ist.

Mit dieser Art von Regeln stehen sich Organisationen selbst im Weg. Die Mitarbeiter gehen morgens in die Firma, geben ihr Gehirn am Empfang ab, befolgen acht Stunden lang Regeln und nehmen ihr Gehirn nach Feierabend wieder mit nach Hause. Ihnen wird das selbstständige Denken abgenommen. Viele haben es wahrscheinlich sogar verlernt, weil es für so gut wie alles Verhaltensmuster gibt.
Ohne Regeln wäre kein Problem an diesem Tag zu einem echten Problem geworden. Mit gesundem Menschenverstand und freiem, rationalem Handeln hätte jedes Problem im Handumdrehen gelöst werden können. Dank Compliance auf allen Ebenen war dazu niemand mehr in der Lage.
Prozesse und Abläufe zu regulieren macht nur dann Sinn, wenn die Regeln es auch machen. Dem Anspruch, jeden Prozess und jede Eventualität bis ins kleinste Detail zu regulieren, kann niemand gerecht werden. Sollte im Zuge dessen ein Vorgang nicht reguliert sein, steht das Personal auf verlorenem Posten – mit der Argumentation: »Ich würde Ihnen ja gerne helfen, aber dafür gibt es keine Regel.« Bevor ein Mitarbeiter dann falsches Verhalten in Kauf nimmt und vielleicht sogar mit einer Strafe des Arbeitgebers zu rechnen hat, wird der sichere Weg gewählt und nichts unternommen.

Das ist übrigens auch einer der Hauptgründe, warum von Beamten geprägte Einrichtungen seit Jahrzehnten auf der Stelle treten. Der öffentliche Dienst hat kaum Innovationen und Fortschritte zu verzeichnen. Wie zuvor schon erwähnt, ist unser Schulsystem veraltet und Bedarf einer umfassenden Erneuerung. Aber wer soll das machen: Beamte, die streng nach Vorschrift arbeiten und stets Regeln befolgen?

Seit Jahren gibt es Modellversuche und Bildungsreformen deutscher Bundesländer unter der Bezeichnung »Selbstständige Schule«. In Hessen erhalten Schulen mit diesem Titel größere Handlungsspielräume, um die Qualität der Angebote eigenständig zu erweitern. Richtig selbstständig geworden ist kaum eine Schule. Das klassische Hierarchiesystem, bestehend aus unterer und oberer Schulaufsicht, ist zu tief verwurzelt. Fortschritt wird hier wegreguliert.

Regeln sind wichtig, keine Frage, aber zu viele Regeln sind kontraproduktiv. Wir können nicht alles regulieren. Dennoch wollen wir diesem Anspruch gerecht werden, auch in unserem eigenen Leben. Wir befolgen so viele Regeln in unserem Leben, dass wir dadurch unsere Anpassungsfähigkeit opfern. Man folgt den gesellschaftlichen Regeln – und dann sind da auch noch die Regeln, die man selbst für sich und sein Leben aufgestellt hat. Lebensregeln sind wichtig, nur sollten wir vermeiden, es mit solchen Regeln zu übertreiben. Es kann nicht das ganze Leben reguliert werden. Wir können uns nicht auf alle Eventualitäten des Lebens vorbereiten, indem wir uns Verhaltensregeln für den Fall der Fälle überlegen. So funktioniert das Prinzip Leben nicht.

Sich Gedanken darüber zu machen, wie man vorgeht, sollte beispielsweise ein Familienmitglied erkranken, ist völlig legitim. Nur dürfen wir nicht »Gedanken machen« mit »regulieren« gleichsetzen. Für viele Lebenssituationen wäre ein Regelbuch, in dem situative Verhaltensmuster vorgegeben werden, ein nützliches Instrument. Dieses Regelbuch ist nur nicht existent. Zumindest nicht so, dass es brauchbar wäre. Vielmehr muss im Einzelfall entschieden werden, wie man sich verhält, orientiert an dem, was man sich überlegt hat. Wer nach in der Vergangenheit festgelegten Mustern handelt, ignoriert die Gegenwart. So zu handeln bringt erhebliche Risiken mit. Ich musste das selbst auf schmerzliche Art und Weise erfahren.

Tennisprofi zu werden, war mein großer Lebenstraum. Mit sechzehn Jahren spielte ich bereits in der höchsten Klasse Deutschlands. Mit siebzehn gewann ich mein erstes internationales Turnier. Mit achtzehn schmerzte meine Schulter, und ein Jahr später stand fest, dass an eine professionelle Karriere nicht zu denken ist. Wahrhaben wollte ich das nicht, denn es passte nicht in meinen Lebensplan. Ich hatte eine Lebensregel, der ich alles andere unterworfen habe: Tennisprofi werden.

Schweren Herzens traf ich die Entscheidung, als Trainer zu arbeiten. Mir erschien das nur logisch: Wenn es schon nicht mit der Profikarriere funktioniert, dann muss es eine Karriere als Trainer sein. Es gab allerdings ein Problem: Mir machte die Trainertätigkeit keinen Spaß. Diesem Problem trat ich mit Ignoranz entgegen. Ich folgte stur meiner selbst aufgestellten Regel: wenn schon kein Profi, dann Trainer.

Ich versteifte mich so sehr auf diese Regel, dass ich unfähig war, wahrzunehmen, was um mich herum passierte. Das führte letztlich dazu, dass ich viele Chancen ungenutzt ließ, weil ich sie einfach nicht gesehen habe. Was jedoch schlimmer war: Ich ignorierte bewusst mein eigenes Unglück. Erst nach zwei Jahren war der Schmerz, unglücklich zu sein, so groß, dass ich meine Lebensregel brach. Ich war bis dahin weder flexibel noch anpassungsfähig. Erst der Regelbruch öffnete mir neue Wege, für die ich vorher nicht offen war. Dieser Regelbruch hat es mir überhaupt erst ermöglicht, in meinem Leben glücklich zu werden.

Wir tun gut daran, hin und wieder unsere eigenen Lebensregeln zu hinterfragen. Wir müssen öfter in uns hineinhören und uns fragen, ob wir wirklich glücklich sind. Ob das, was wir machen, wirklich das ist, was wir machen wollen. Sich selbst anzulügen ist grob fahrlässig. Es erfordert Mut, die Erkenntnis einzusehen, falschen Lebensregeln zu folgen – sie zu brechen noch viel mehr. Aber erst der Bruch bringt uns Flexibilität zurück, die wir für das Abenteuer Leben brauchen.

6.

Was Regelbruch mit Kreativität zu tun hat

Gratisbier auf der Arbeit, unbegrenzter Urlaub, eintausend Euro Prämie, wenn du zwei Wochen Urlaub am Stück nimmst, essen und trinken auf Kosten deines Arbeitgebers, keine Kontrolle deiner Arbeitszeiten – wie klingt das für dich?

»Ein Traumjob, den es nicht gibt.« Das ist richtig, allerdings nur mit dem Zusatz »in Deutschland«. Im Silicon Valley in den Vereinigten Staaten sind solche Jobs nichts Besonderes. Ob Google, Yelp, Netflix oder Apple – hier gibt es nur eine Regel: Die Arbeit erledigen. Solange das gemacht wird, können die Mitarbeiter ihren Tag so strukturieren, wie sie es für richtig erachten.

Was in Deutschland noch undenkbar ist, ist in den Vereinigten Staaten schon weit verbreitet: Unternehmen ohne Regeln. Ganz ohne Regeln geht es auch hier nicht, aber es sind keine Regeln im klassischen Sinne. Vielmehr sind es Regeln gegen die Regeln. Ein Paradebeispiel dafür ist das Erfolgsunternehmen Netflix:

»Niemand soll seinem Chef nach dem Mund reden.«
»Jeder Mitarbeiter kann so viele Urlaubstage nehmen, wie er möchte.«
»Netflix zahlt die besten Gehälter.«
»Netflix will keine Angeber oder Selbstdarsteller.«
»Niemand kommt nackt zur Arbeit.«

Was wie ein Scherz klingt, sind tatsächlich Unternehmensregeln, die Unternehmensregeln von Netflix. Es sind Vorgaben, die sicherstellen, dass sich Mitarbeiter nicht an die Standardregeln halten. Netflix ist anders und will anders sein. Dort herrscht eine Unternehmenskultur, in der es nur eine echte Regel gibt: keine Regeln. Ein Blick in die Unternehmensgeschichte zeigt, dass Netflix so stets in der Lage war, sich an äußere Marktveränderungen anzupassen. Man hat sich immer wieder neu erfunden. Regeln stünden da nur im Weg. Das Erfolgsgeheimnis ist nicht etwa in dem eigentlichen Produkt oder den kreativen Ideen zu finden. Das Erfolgsgeheimnis liegt in dem tatsächlichen Leben dieser einzigartigen Unternehmenskultur. Menschen stehen über Prozessen. Innovationen kommen vor Effizienz. Auf Kontrollmechanismen wird verzichtet. Diese Kultur bescherte Netflix ein kontinuierliches Wachstum.

Reed Hastings, Co-Founder von Netflix, hat ein Buch über die Erfolgsgeschichte seines Unternehmens geschrieben. Der Titel: »Keine Regeln« – das sagt alles.
Reed Hastings gründete Netflix 1997 zusammen mit Marc Randolph als Onlinevideothek mit dem Versand von DVDs an seine Abonnenten. Bereits zwei Jahre nach der Gründung konnte man sich über hundert Mitarbeiter und dreihunderttausend Abonnenten freuen. Allerdings standen auf der anderen Seite siebenundfünfzig Millionen Dollar Verluste. Hastings und Randolph hatten für das Schuldenproblem eine Lösung: Übernahme vom Marktführer im Videoverleihgeschäft Blockbuster. Wer über dreißig Jahre alt ist, wird noch die sogenannten Blockbuster-Filme kennen, die besonders in den Neunzigern im

abendlichen Fernsehprogramm zur Primetime liefen. Die Videothekenkette Blockbuster war tausendmal größer als Netflix. Mit einem Unternehmenswert von sechs Milliarden Dollar und mehr als neuntausend Filialen weltweit war Blockbuster Marktführer. Das Home-Entertainment wurde von ihnen beherrscht. Netflix war dagegen damals ein kleiner Fisch.
Man musste kein Prophet sein, um vorherzusagen, dass das Internet die Branche bald umkrempeln wird. Hastings und Randolph hatten die Idee, sich von Blockbuster für rund fünfzig Millionen Dollar übernehmen zu lassen, um dann unter deren Label einen Onlineverleih aufzubauen. Kein großer Betrag für ein milliardenschweres Unternehmen wie Blockbuster. Doch der CEO des Marktführers lehnte ab.
Das Internet veränderte die Welt und das Nutzungsverhalten der Menschen. Netflix ging im Jahr 2002 an die Börse und wuchs kontinuierlich weiter. Blockbuster war immer noch eines der wertvollsten Medienunternehmen weltweit. Bis zum Jahr 2010 – da musste es Insolvenz anmelden. Man hatte den Sprung vom DVD-Verleih zum Streaming nicht geschafft.
167 Millionen Abonnenten in einhundertneunzig Ländern der Welt und einer der wichtigsten Fernsehproduzenten für Serien und Filme – das ist Netflix heute.

Wie ist das möglich? Wie kann es sein, dass ein erfolgreiches Unternehmen wie Blockbuster einen vermeintlich einfachen Sprung vom DVD-Verleih zum Streaming nicht schafft, während ein junges Unternehmen wie Netflix stets in der Lage ist, sich an die äußeren Marktentwicklungen anzupassen? Blockbuster hatte Regeln, Netflix nicht.

Netflix ohne Regeln zu führen war kein Zufallsprodukt. 1991, weit vor Netflix, gründete Reed Hastings sein erstes Unternehmen namens Pure Software. Auch damit hatte er vollen Erfolg. Zwölf Mitarbeiter, denen nur zwei Dinge wichtig waren: Neue Ideen entwickeln und Spaß haben. Es existierten keine Regeln, keine Verfahren. Jeder konnte sich frei bewegen. Konnte der Marketingmanager zu Hause kreativer arbeiten, blieb er zu Hause. Wer bei einem Glas Wein produktiver war, trank ein Glas Wein. Niemand musste sich für irgendwas rechtfertigen.

Mit dem Wachstum von Pure Software wurden neue Mitarbeiter eingestellt. Wann immer ein Mitarbeiter einen Fehler machte, führte Hastings dafür Verfahren ein, damit dieser Fehler in Zukunft nicht mehr vorkommt. Mit der Zeit herrschten bei Pure Software immer mehr Regeln und Kontrollmechanismen. Zum Leidwesen der kreativen Mitarbeiter. Sie fühlten sich eingeengt und konnten sich nicht frei entfalten. Zwar wurde die Effizienz gesteigert, aber die Kreativität blieb auf der Strecke. Infolgedessen blieben Innovationen aus. Der Software-Markt entwickelte sich rasant weiter. Hastings wusste, dass man eine ganz andere Richtung einschlagen muss, wollte man überleben. Aber wer sollte das tun: Mitarbeiter, die blindlings Prozessen folgten?

Es gab keine Mitarbeiter mehr, die eigenständig dachten oder Flexibilität mitbrachten. Und diejenigen, die es hätten können, wurden durch Regeln limitiert.

Es war das Ende des Unternehmens. Hastings verkaufte Pure Software an den größten Konkurrenten und schwor sich, bei seinem nächsten Unternehmen auf Regeln zu verzichten (Hastings/Meyer 2020). Das

nächste Unternehmen war Netflix und das Konzept »keine Regeln« hat sich bewährt. Heute ist man um keine Innovation verlegen.
Den Grundstein des Erfolgs legte Reed Hastings, indem er aus seinen eigenen Fehlern lernte. Im Prinzip führte er als Reaktion auf seinen kapitalen Fehler das Verfahren ein, seine Mitarbeiter nicht mehr an Regeln zu binden. Dieses Verfahren ermöglichte es Netflix, sich von jeher an die äußeren Umstände anzupassen. Ein reguliertes Unternehmen wie Blockbuster war dazu nicht in der Lage. Es ereilte das gleiche Schicksal wie Pure Software Jahre zuvor.

Die Fähigkeit der Flexibilität und Anpassung fehlt vielen Unternehmen der heutigen Zeit. Grundlegende Änderungen der Branche enden für viele in der Insolvenz. Die Coronakrise war jüngst ein Auslöser für solch tief greifende Veränderungen. Zahlreiche Unternehmen haben die Krise nicht überstanden. Nicht wegen der Krise an sich, sondern wegen fehlender Flexibilität und Innovationen. Es wird die Meinung vertreten, dass die Erfolgsregeln der Vergangenheit gleichzeitig die Erfolgsregeln der Zukunft sind. Die Anpassung an gegebene Bedingungen in Kombination mit Flexibilität ist allerdings nur selten Teil dieser Erfolgsregeln.
Innovationen und Flexibilität haben einen gemeinsamen Feind: Regeln. Marktführer Nokia hat die Umstellung vom Klapphandy auf das Smartphone nicht geschafft. Kodak schaffte nicht den Sprung von Papierfotografie zur Digitalfotografie. AOL ist am Breitbandnetz gescheitert. Allesamt Marktführer ihrer Branche – bis ihnen ein entscheidender Strategiefehler zum Verhängnis wurde: Ihre Unternehmenskultur war nie auf Innovation und Flexibilität ausgerichtet.

Was macht Start-ups in den ersten Jahren so erfolgreich?
Sie haben keine Regeln und Verhaltensverfahren, die sie einengen. »Einfach machen«, heißt deren Credo. Ähnlich wie in der Anfangsphase von Pure Software stehen auch hier »Spaß haben« und »Ideen umsetzen« im Vordergrund. Je größer Start-ups im Zuge des Erfolgs werden, desto mehr steigt das Risiko von Fehlern und daraus resultierendem Misserfolg. Zur Risikominimierung werden Verfahren und Kontrollmechanismen eingeführt, die gleichzeitig nachhaltiges Wachstum verhindern. Denn dafür braucht es kreative Menschen, die sich wiederum nicht unter Regeln und Kontrollmechanismen entfalten können. Viele Unternehmen haben Top-Mitarbeiter in den eigenen Reihen, sorgen mit ihrer regulierten Ausrichtung aber dafür, dass sie ihr Potenzial nicht entfalten können. Am Ende schadet sich das Unternehmen selbst.

Erinnerst du dich noch an das Werbeplakat mit Angela Merkels Sturmfrisur? Oder an die Anzeige, bei der Heino sich in Roberto Blanco verwandelte?
Geht es um kreative und aufsehenerregende Werbung, ist Autovermieter Sixt das Maß aller Dinge in Deutschland. Das Marketing des Unternehmens ist schlicht genial. Nicht weil die Mitarbeiter genial sind, sondern weil sie ohne Regeln agieren dürfen. Alles ist erlaubt. Das heißt nicht, dass alles veröffentlicht wird, aber erst einmal darf alles ohne Einschränkungen gemacht werden. Sixt reagiert schnell auf aktuelle Trends, Situationen und Ereignisse. Sie sind mit ihrer Kommunikation am Puls der Zeit. Wo andere Unternehmen sich noch mit »Dürfen wir das?« beschäftigen, hat Sixt es längst gemacht.

Lieber nachher um Entschuldigung bitten, als vorher um Genehmigung – ein Grundsatz, dem mehr Beachtung geschenkt werden sollte. Das gilt auch für unser eigenes Leben.

Wir lassen uns häufig von Regeln erdrücken, anstatt einfach mal zu machen. Die Angst vor möglichen Sanktionen ist oftmals zu groß. Ich kann zum Beispiel beim Sport kreativer denken. Stell dir mal vor, ein Mitarbeiter geht vormittags zu seinem Chef und sagt: »Du Chef, ich bin beim Sport, da kann ich besser denken. Rechne heute nicht mehr mit mir.« Wahrscheinlich kann er sich einen neuen Job suchen. Dabei wäre es genau das, was vielen Unternehmen frischen Wind verleihen könnte. Kreative Ideen entstehen selten am Arbeitsplatz, wenn stupide auf den Bildschirm gestarrt wird. Deswegen sollte auch das Konzept »remote arbeiten« mehr Aufmerksamkeit bekommen. Kann jemand am Strand produktiver arbeiten, wäre es eine Schande, ihn in einem Büro festzuhalten. Wer auf Mallorca kreativere Ideen hat als am heimischen Arbeitsplatz, der sollte von dort arbeiten können. Selbstständige arbeiten schon längst nach solchen Konzepten. Letztlich ist es uninteressant, ob ein Mitarbeiter in einem Büro sitzt oder auf Mallorca in einem Strandcafé. Hauptsache, er ist produktiv und leistungsfähig. Vorausgesetzt natürlich, die Tätigkeit lässt ein remote Arbeiten zu. Nur kann ein Unternehmen seine Mitarbeiter so nicht kontrollieren. Deswegen werden sie »eingesperrt« und ihrer Kreativität und Produktivität beraubt.
Das gilt auch für uns selbst: Wir sperren uns selbst ein, indem wir uns Regeln unterwerfen, die uns einschränken.

Nehmen wir die Arbeitszeit. Jeder sollte für sich herausfinden, unter welchen Bedingungen er wann produktiv ist. Das fängt schon bei der Uhrzeit an. Es gibt Morgenmenschen und Nachtmenschen. Wer morgens nicht aus dem Bett kommt, dafür abends aber umso aktiver ist, sollte nicht morgens um acht im Büro sein. Gleiches gilt übrigens auch für die Schule. Warum muss Schule um acht Uhr morgens beginnen? Viele Schulkinder verschlafen gewissermaßen jeden Tag die ersten Unterrichtsstunden, weil sie noch gar nicht leistungsfähig sind. Heute empfehlen sogar Wissenschaftler, dass die Schule erst um neun Uhr, besser sogar um zehn Uhr beginnt (Watson et al. 2017). Denn ab dem dreizehnten Lebensjahr verändert sich bei Jugendlichen die biologische Uhr. Sie werden später müde und sind demzufolge um acht Uhr morgens nicht leistungsfähig. Dieser Rhythmus hält bis Mitte zwanzig an. Erst dann entwickelt sich die biologische Uhr wieder in Richtung Frühaufsteher.

Für biologisch gesunde Lern- und Arbeitszeiten stehen uns aber gesellschaftliche Regeln im Weg. Seit Jahrzehnten haben sich klassische Nine-to-five-Jobs etabliert. Meine produktivste Zeit am Tag ist morgens zwischen fünf und zehn Uhr. Dementsprechend startet mein Tag um vier Uhr morgens. Viele Menschen bringen dafür kein Verständnis auf und fragen sich, was mit mir nicht in Ordnung ist. Ich gehe um halb zehn abends ins Bett, wenn viele noch auf der Couch liegen und fernsehen. Dieses Unverständnis resultiert aus den Gewohnheiten der breiten Masse.

Worauf ich hinausmöchte: Unternehmen müssen ihren Mitarbeitern die Freiheit lassen, dann zu arbeiten, wenn sie leistungsfähig sind. Das bedeutet im Umkehrschluss auch, sie gehen zu lassen, wenn sie unproduktiv sind. Dafür muss die Regel »Ein Arbeitstag hat acht Stunden« gebrochen werden. Man kann in einer Stunde produktiver sein als in acht Stunden. Die quantitative Arbeitszeit ist völlig unwichtig. Was zählt, ist die qualitative Arbeitszeit, was erreicht wird, wenn wir arbeiten. Was zählt, ist die Effizienz. Allerdings stehen viele Regeln dieser Effizienz im Weg. Unternehmen sollten sich mehr an ihre Mitarbeiter anpassen, nicht umgekehrt.

Vor der Covid-19-Pandemie war es für die meisten Unternehmen undenkbar, ihre Mitarbeiter aus dem Homeoffice arbeiten zu lassen. Maximal ein Tag pro Woche war erlaubt und auch das meist nur widerwillig – bis sie von der Pandemie beziehungsweise der Bundesregierung zum Umdenken gezwungen wurden. Was vorher unvorstellbar war, funktioniert heute. Gleiches gilt für die Digitalisierung. Viele Unternehmen haben in den letzten Jahren die Digitalisierung verschlafen. Es wurde alles so gemacht wie immer und altbewährte Strategien wurden umgesetzt. Covid-19 zwang sie, diese Regeln zu brechen. Das Ergebnis ist brachial, überspitzt gesagt: Es wurde in einem Jahr mehr Digitalisierung geschafft als in den letzten zehn Jahren.

Regeln führen zu einem Verlust der Fähigkeit des schnellen Handelns. Unternehmen zahlen dafür einen hohen Preis. Mitarbeiter, die nur Prozessen folgen, können keine neuen Wege gehen. Wieder mal ist der öffentliche Dienst ein Paradebeispiel: Gesundheitsminister

Jens Spahn ordnete im Dezember 2020 an, dass ab dem 1. Januar 2021 alle Covid-19-Meldungen der Labore an die Gesundheitsämter nur noch elektronisch erfolgen und nicht mehr per Telefax. Das sei zeitsparender und habe eine geringere Fehlertoleranz. Vorher mussten die Daten eines Faxes manuell ins System eingegeben werden, wodurch die Fehlertoleranz stark erhöht war.

Ein Telefax zur Datenübermittlung. Im Jahr 2021. Eigentlich unvorstellbar und doch Realität. Seit Jahren gibt es erheblich schnellere Kommunikationsmöglichkeiten. Da kommt doch die berechtigte Frage auf, wie das möglich ist. Beamte, die prägenden Figuren des öffentlichen Dienstes, arbeiten nahezu ausschließlich nach Regeln, Normen, Verfahren und Kontrollmechanismen. Optimierungen, kreative Ideen und Innovationen, die sicherstellen, am Puls der Zeit zu sein, bleiben so aus.

Man kann fast sagen, dass wir den Fortschritt durch Regeln verhindern. 2011 haben sich mehrere medizinische Stiftungen und Forschungsinstitute in Großbritannien über die Europäische Union beschwert: deren Regulierungen würden medizinischen Fortschritt aufhalten. Es könnten durch die Medizin weitaus mehr Menschenleben gerettet werden, wenn Regeln der Europäischen Union das nicht verhindern würden. Es ist noch nicht einmal plakativ und übertrieben, zu sagen, dass Menschen sterben müssen, weil man sich durch Regeln medizinische Sicherheit erhofft.

Regeln stehen uns oftmals im Weg und verhindern Entwicklung. Um dieses Problem zu lösen, muss es an der Wurzel angepackt werden: Beim Menschen selbst. Wir werden mit Regeln groß und bekommen in jungen Jahren bereits eingebläut, Regeln zu folgen. Wir werden regelbewusst erzogen, sodass es ab einem gewissen Alter normal ist, Regeln jeglicher Art zu befolgen. Das beschert uns selbst, der Gesellschaft und Wirtschaftsunternehmen das Problem des ausbleibenden Wachstums.

Dabei gibt es durchaus Erziehungsmethoden, die auf Kreativität abzielen. Eine von diesen ist der Laissez-faire-Erziehungsstil. »Laissez-faire« ist Französisch und bedeutet so viel wie »machen lassen«. Eltern nehmen bei der Erziehung ihrer Kinder eine passive Rolle ein. Sie verzichten auf Eingreifen jeglicher Art. Was zunächst seltsam und unorthodox klingt, verfolgt ein durchaus Erfolg versprechendes Ziel: Kinder sollen sich selbstständig entwickeln, ohne durch den Eingriff von außen in eine Richtung gedrängt zu werden. Es gibt keine Strafen, keinen Tadel, aber auch keine Lobesworte. Unterstützung seitens der Eltern erfahren die Kinder nur, wenn sie aktiv darum bitten. Mit dem Laissez-faire-Erziehungsstil sollen Selbstständigkeit und Kreativität gefördert werden. In der Wissenschaft steht diese Art der Erziehung stark in der Kritik. Langzeitforschungen haben ergeben, dass Kinder so kein adäquates Sozialverhalten entwickeln können. Sie haben es schwer, sich in gesellschaftliche Strukturen einzugliedern, und können nicht die Grenzen und Regeln anderer Menschen respektieren.

Eine nachvollziehbare Kritik, die dennoch zu undifferenziert ist. Die ausgesprochene Kritik ist ja genau das, was mit dem Erziehungsstil bezweckt werden soll. Wer so erzogen wird, soll kein Leben nach gesellschaftlichen Regeln und Grenzen haben.

So sehr dieser Stil auch in der Kritik stehen mag, so sehr streben Wirtschaftsunternehmen nach solch einer Erziehung. Hier wird nur nicht das Wort »Erziehungsstil« in den Mund genommen, sondern das Wort »Führungsstil«.

Maximale Freiheit für die Mitarbeiter, Entscheidungskompetenz, unbegrenzter Urlaub – alles Dinge, die bei Netflix und vielen anderen erfolgreichen Unternehmen Standard sind. Sie versprechen sich dadurch maximalen Erfolg. Es ist wenig verblüffend, dass viele dieser Erfolgsunternehmen in den USA den Laissez-faire-Führungsstil praktizieren. So auch Warren Buffett, erfolgreichster Investor aller Zeiten und fünftreichster Mensch der Welt. Er gewährt seinen Managern absolute Freiheit.
Dieser Führungsstil birgt natürlich auch Gefahren: Nicht jeder Mensch ist in der Lage, mit so viel Freiheit umzugehen. Dafür bedarf es einer gehörigen Portion Selbstverantwortung. Gefährlich wird es dann, wenn Mitarbeiter das Vertrauen und die gegebene Freiheit ausnutzen. Diese Gefahr kann seitens eines Unternehmens aber sehr leicht gebannt werden, indem die richtigen Mitarbeiter eingestellt werden. Nicht die am besten qualifizierten sind die richtigen Mitarbeiter, sondern die, die am besten zur Unternehmenskultur passen.

Bei aller Kritik und Skepsis dem Laissez-faire-Führungsstil gegenüber – es sind genau die Kritikpunkte, die heute so dringend von Unternehmen gesucht werden: Menschen, die out of the box denken und Regeln brechen.

7.

Think outside the box (rules)

Wenn du die Möglichkeit hättest, legal steuerfrei zu leben, würdest du die Möglichkeit dann ergreifen?

»Ja, aber das ist nicht möglich«, werden einige jetzt denken. Immerhin gibt es das Steuergesetz, an das sich jeder Bundesbürger zu halten hat. Das ist nicht nur in Deutschland so, sondern auch in den meisten anderen Ländern der Welt – das Steuerparadies Monaco einmal außen vor gelassen. Wer nicht auf illegale Wege zurückgreifen möchte, hat sich dem Gesetz zu fügen.

Erzähle das mal Christoph Heuermann. Der dreißigjährige Deutsche ist Einkommensmillionär und verdient im Monat mehr als 100.000 Euro, ohne je auch nur einen Cent Steuern bezahlt zu haben. Heuermann hat eine einfache Lebensphilosophie: »Keinen Cent Steuern an den Staat zahlen.« Seine Lösung: Weltenbummler.

In den meisten Ländern der Welt müssen keine Steuern abgeführt werden, wenn der Aufenthalt dort nur temporär ist. Temporär wird mit »nicht länger als einhundertzweiundachtzig Tage« definiert. Spätestens dann zieht der Deutsche weiter ins nächste Land. Seinen Wohnsitz hat er im nordamerikanischen Panama. Dort gilt die sogenannte Territorialbesteuerung. Auf Einkommen, die außerhalb von Panama erwirtschaftet werden, sind keine Steuern fällig. Christoph Heuermann hat schon in vielen Ländern der Welt Einkommen erwirtschaftet, Panama war noch nicht dabei.

»Steuersünder!«
»Es ist nur eine Frage der Zeit, bis er im Gefängnis landet!«

Solche Gedanken hat man schnell im Kopf, wenn man diese Geschichte liest. Es sind Gedanken, die aus festgefahrenen Mustern und Regeln resultieren, aber fernab der tatsächlichen Realität sind, denn Heuermann ist keineswegs ein Steuersünder, sehr wohl aber ein Regelbrecher. Was er macht, ist nicht verboten, nur unerwünscht. Er nutzt eine Lücke in den Steuergesetzgebungen zu seinem Vorteil. Seine Fähigkeit, out of the box zu denken, lässt ihn Lösungen sehen, die viele andere nicht sehen. Während sich die meisten Menschen über die hohen Steuerabgaben beschweren, nutzt er die ganz legalen Möglichkeiten, um steuerfrei zu leben.

Es gibt eine sehr interessante Studie der Harvard Business School, »The Dark Side of Creativity«, erhoben von Francesca Gino und Dan Ariely. Die Forscher kamen zu der Erkenntnis, dass Personen, die nach verschiedenen psychologischen Tests als kreativ gelten, eine höhere Motivation haben, außerhalb der üblichen Bahnen zu denken. Es sind also vornehmlich kreative Menschen, die eine geringere Hemmschwelle haben, Vorgaben zu missachten oder zu umgehen. Sie suchen tendenziell eher Lücken in Regeln und Richtlinien und nutzen sie gnadenlos aus. So auch Christoph Heuermann. Wie kreativ er ist, zeigte er während der weltweiten Covid-19-Pandemie, denn sein Konzept, nach einhundertzweiundachtzig Tagen in ein anderes Land zu reisen, war aufgrund der stark eingeschränkten Reisefreiheit nicht mehr ohne Weiteres realisierbar. Seine Lösung: ein eigenes

Boot, ein Katamaran. Den kaufte er sich, damit er Ziele ansteuern konnte, die infolge der Reisebeschränkungen nur noch schwer mit dem Flugzeug zu erreichen waren.
Sein Einkommen erwirtschaftet er übrigens mit Online-Coachings zum Thema »Steuern sparen«.

Warum erzähle ich dir diese Geschichte?
Regelbrecher handeln nicht nach üblichen Denkmustern, sondern agieren out of the box. In der Wirtschaft werden seit Jahren immer häufiger Quereinsteiger gesucht, in der Hoffnung, dass sie anders denken als jemand, der die Regeln der Branche oder des Marktes seit Jahren befolgt. Regelbefolgung führt zu einer eingeschränkten Art des Denkens. Unternehmen erhoffen sich durch Quereinsteiger den Blick über den Tellerrand und das Vorantreiben von Innovationen. Wer diese Fähigkeit besitzt, bricht mit Paradigmen und ändert mentale Schemata. Klingt kompliziert? Schon wieder ein Denkfehler. Outside-the-box-Denken ist nur anders, nicht schwierig oder kompliziert. Hier ein ganz einfaches Beispiel: Heute Morgen ist mir ein Ohrring in den Kaffee gefallen. Obwohl die Tasse voll war, ist der Ohrring nicht nass geworden. Wie ist das möglich? Möchtest du diese Aufgabe lösen, musst du außerhalb deiner gewohnten Bahnen denken. Menschen, die out of the box denken, besitzen eine divergente Art zu denken (Kahl 2016). Divergentes Denken ermöglicht es, Sachverhalte frei zu verbinden, groß zu denken und neue Möglichkeiten zu diskutieren. Das normale Denken wird verlassen, um Neues zu entdecken. »Normales Denken« ist keinesfalls abwertend gemeint, sondern betrifft jeden von uns: Unser Denken ist stark geprägt von

Regeln und Gewohnheiten, denen wir im Leben von klein auf folgen. Bereits in jungen Jahren haben wir gelernt, in regelkonformen Mustern zu denken, und dementsprechend handeln wir auch. Haben wir ein konkretes Ziel vor Augen, gehen wir den Weg, der am wahrscheinlichsten funktioniert.

Wie wird diese Wahrscheinlichkeit ausgerechnet?
Wir setzen auf Erfahrungswerte und bewährte Lösungen. Das ist keineswegs schlecht, aber es ist langweilig und begrenzt den Erfolg.

Eine wunderbare Möglichkeit und oft praktizierte Strategie, um divergent zu denken, ist das Brainstorming. Bei dieser Kreativitätsmethode wird zu einem Thema alles aufgeschrieben oder gesagt, ohne zuvor darüber nachzudenken. Jeder Gedanke ist wichtig. Es gibt kein Richtig oder Falsch. So entstehen die kreative Ideen und neue Lösungswege. Auch in der Wirtschaftswelt ist Brainstorming ein effektives Tool, Projekte auf einen neuen Level zu heben. Es kann der Retter in letzter Sekunde sein, nämlich dann, wenn man so festgefahren in seinem Denken ist, dass man sich im Kreis dreht und sprichwörtlich den Wald vor lauter Bäumen nicht mehr sieht. Der Erfolgsfaktor des Brainstormings: Es werden Ideen aufgeschrieben, ohne sie zu beurteilen, zu bewerten oder abzulehnen.
Wie oft es doch vorkommt, dass wir andere Menschen als »verrückt« oder liebevoll als »Spinner« bezeichnen, wenn sie uns von ihren scheinbar unrealistischen Ideen erzählen. Die Gründe sind in den eigenen Denkmustern zu finden, die von einer konvergenten Denkweise geprägt sind.

»Konvergentes Denken« beschreibt das genaue Gegenteil von »divergentem Denken«. Analyse, Beurteilung und Entscheidungsfindung sind charakterisierende Merkmale des konvergenten Denkens. Der Nachteil: Neue Ideen werden schnell verworfen oder erst gar nicht berücksichtigt.

Müssen wir also weg vom konvergenten Denken und hin zum divergenten Denken? Diese Frage kann nicht mit einer Schwarz-Weiß-Einstellung beantwortet werden. Zu viel divergentes Denken kann zu endloser Ideenfindung ohne Ergebnis führen. Zu viel konvergentes Denken hingegen kann in Ideenlosigkeit und Stillstand münden. Entscheidend ist die Kombination aus beidem. Fakt ist: Es werden mehr Menschen gebraucht, die divergente Denkweisen nutzen. Das ist auch der tiefer liegende Grund, warum im kreativen Denken eine wesentliche Grundvoraussetzung für die Zukunftsfähigkeit unserer Gesellschaft gesehen wird. Wir sind in unserer Art zu denken tendenziell zu verkopft und stehen uns damit selbst im Weg. Den Beweis liefert das berühmte Neun-Punkte-Spiel. Es ist ein Sinnbild für Outside-the-Box-Denken und geht so: Angenommen, du hast drei mal drei Punkte auf einem Blatt und müsstest mit nur vier geraden Linien alle Punkte miteinander verbinden, ohne den Stift abzusetzen – wie würdest du das machen?
Klingt wirklich schwierig, wenn man die Kreativitätsaufgabe nicht kennt. Immerhin dreiundneunzig Prozent aller Menschen beißen sich an ihr die Zähne aus (Fellner 2020). Es wurden zahlreiche Experimente durchgeführt, mit dem Ziel, die Herangehensweise der Probanden zu untersuchen. Wer die Aufgabe lösen konnte, hat da-

für sehr lange gebraucht. Interessant sind die Gründe: Wir Menschen neigen dazu, zusätzliche Einschränkungen vorzunehmen, die gar nicht existieren. Das führt zu einer stark limitierten Denkweise, die logisches und kreatives Denken unmöglich macht. Man ist so oft der Meinung, Regeln einhalten zu müssen, ohne dass diese Regeln tatsächlich existieren. Beim Neun-Punkte-Spiel sind die meisten Menschen überzeugt, mit den Linien zur Verbindung der Punkte das Quadrat nicht verlassen zu dürfen, nur existiert diese Regel in der Aufgabe gar nicht. Es gibt keinerlei Vorgabe in der Aufgabenstellung, wie die vier verbindenden Linien anzuordnen sind. Diese Limitierung besteht nur in unserem Kopf. Diese imaginäre Regel schränkt im Denken ein und verhindert das Lösen der Aufgabe. Die Gründe hierfür sind übrigens in den Gestaltungsgesetzen zu finden: Wollen wir quadratische Punkte verbinden, muss es ein Quadrat ergeben. Für die Lösung muss die von den Punkten vorgegebene quadratische Box allerdings verlassen werden. Nur wer außerhalb dieses vorgegebenen Rahmens denkt, kann alle Punkte miteinander verbinden.

Das gilt nicht nur für das Neun-Punkte-Spiel, sondern für vieles mehr. Wollen wir uns vom Durchschnitt lösen, ist das häufig nur möglich, wenn wir uns von gesellschaftlich vorgegebenen Rahmenbedingungen und Regeln lösen. Erst das ermöglicht es, divergent zu denken. Davon sind in einer Welt, die sich stark verändert, nahezu alle Organisationen betroffen: Fehlendes divergentes Denken hat das Unternehmen Blockbuster daran gehindert, innovative Wege zu gehen. Während Netflix mit seiner Art zu denken eine Innovation nach der nächsten hervorgebracht hat. Erfolg verwalten können viele, Innovationen leben nur die wenigsten. Unternehmen, die leistungsstarke Teams zusammenstellen, sollten daher bestrebt sein, sowohl divergent denkende als auch konvergent denkende Mitarbeiter in einem Team zu haben. Erst dann sind optimale Voraussetzungen für kreative Ideen mit Entscheidungsfindung geschaffen.

Doch wie genau kann das Out-of-the-box-Denken geübt werden? Will man diese Frage beantworten, muss erst einmal verstanden werden, was die Box, die verlassen werden soll, überhaupt ist. Einfach gesagt sind wir selbst die Box. Sie besteht aus unseren Denkmustern, Werten, Ansichten, Überzeugungen und Erfahrungen und definiert unsere Persönlichkeit. Jeder von uns wurde in jungen Jahren auf bestimmte Verhaltensformen und Denkmuster konditioniert. Lösen wir heute Probleme, ist ein Großteil der Lösungsansätze auf Automatismen zurückzuführen, die auf zuvor erlernten und geübten Verhaltensformen und Denkmustern basieren. Das führt schnell zu festgefahrenen Strukturen, denn letztlich wird nur in bewährten Bahnen gedacht. Man ist gefangen in den eigenen Denkmustern, was wiederum zu keinen neuen Ergebnissen führt. Unbewusst greift hier die Regel »Das haben wir schon immer so gemacht«, denn das genau ist das, was unsere Box uns sagt. Wer schon einmal an einem Punkt angelangt war, über den er nicht hinausgekommen ist – trotz mehrfacher Versuche –, weiß um die Limitierung dieser Regel. Man dreht sich im Kreis, ohne es zu wollen. Wer alles so macht wie immer, wird auch immer die gleichen Resultate erzielen. Wollen wir etwas Neues erreichen, müssen wir anders denken. Erst das lässt uns anders handeln und beschert uns neue Ergebnisse.

Für Neues muss also die eigene Box verlassen werden.

Wie das geht?
Verändern wir uns, verändert sich auch die Box. Dafür reicht es schon aus, neue Bücher zu lesen, sich neuen Themen zu widmen oder eigene Grenzen zu sprengen. Daraus entstehen neue Erfahrungen und der eigene Horizont wird erweitert, was wiederum unsere Box verändert. Auch können wir uns von der Box anderer Menschen inspirieren lassen, indem wir uns andere Meinungen und Ansichten anhören und uns damit auseinandersetzen.
Die bloße Aufforderung, out of the box zu denken, ist nicht zielführend. Niemandem gelingt es, per Knopfdruck seine Denkgewohnheiten hinter sich zu lassen und in neuen Mustern zu denken. Was aber funktioniert, ist, die eigene Box zunächst zu definieren. Haben wir einmal verstanden, wie wir denken und aus welchen Mustern unsere Box besteht, haben wir Möglichkeiten, sie zu erweitern und ihr ein Upgrade zu verschaffen.
Es ist also nicht das Ziel, die Box zu zerstören – sie muss infrage gestellt und erweitert werden. Nicht alles als gegeben hinzunehmen, Regeln zu brechen und bewährte Annahmen zu hinterfragen, bringt uns auf einen guten Weg, die Box zu erweitern. Dem zugrunde liegend ist »Think out of the box« eine irreführende Bezeichnung. »Expand the box« trifft den Kern der Sache wesentlich deutlicher.
Ich bin dir noch eine Antwort schuldig, falls du sie nicht schon selbst gefunden hast. »Heute Morgen ist mir ein Ohrring in den Kaffee gefallen. Obwohl die Tasse voll war, ist der Ohrring nicht nass geworden. Wie ist das möglich?«

Es handelt sich um eine Tasse, gefüllt mit Pulverkaffee.
Wir denken, dass eine Tasse Kaffee etwas Flüssiges enthalten sollte. Aber das steht in der Aufgabe nicht drin. Diese beschränkende Regel existiert wieder nur in unserer Vorstellung. Der Kaffee in der Tasse kann auch aus Pulver oder Kaffeebohnen bestehen, weswegen der Ohrring nicht nass wird. Lösungen sind manchmal so einfach und simpel, doch Regeln und Muster in unserem Denken hindern uns daran, das Offensichtliche zu sehen. Wer sie bricht und nur seine Wahrnehmung ändert, kann viel gewinnen.

8.

Ungeschriebene Regeln – vergiss sie!

Es ist das Jahr 2015. US Open. Eines der vier Grand-Slam-Turniere des Tennissports. Aber dieses Turnier ist besonders, denn es gibt etwas Neues und Unbekanntes. Ein neuer Schlag, den die Tenniswelt noch nie zuvor gesehen hat. Erfunden von keinem Geringeren als Roger Federer, dem erfolgreichsten Tennisspieler aller Zeiten. Es handelt sich um die sogenannte Sneak Attack by Roger, kurz SABR. Federer sorgte bei den US Open in der ersten Runde damit für großes Aufsehen. Bei diesem Schlag nimmt er den zweiten Aufschlag des Gegners ungewöhnlich früh an. Das ermöglicht es ihm, sofort nach dem Return ans Netz vorzurücken und den Gegner direkt unter Druck zu setzen.

Boris Becker trainierte zur gleichen Zeit die damalige Nummer eins der Welt, Novak Djokovic, und kritisierte den Schlag von Federer stark. »Ein respektloser Regelbruch«, so Becker. Allein stand er mit dieser Meinung nicht da. Viele Topspieler und Experten sahen es ähnlich. »Hätte er diesen Schlag gegen John McEnroe, Ivan Lendl, Jimmy Connors oder gar mich ausgepackt, hätten wir gesagt: ›Roger, ganz ehrlich, ich mag dich sehr, aber noch einmal, und ich ziele voll auf dich‹«, stellte Becker während der US Open unmissverständlich klar. Für Becker war dieser Schlag respektlos, denn er nehme den Aufschlag des Gegners nicht ernst. »Es gibt im Fußball ungeschriebene Regeln, und es gibt im Tennis ungeschriebene Regeln«, so Becker in einem weiteren Statement.

Mit dieser Aussage hat er zu hundert Prozent recht. Uns begegnen ungeschriebene Regeln nicht nur im Sport, sondern in nahezu allen Bereichen des Lebens. »Mindestspielregeln« oder »Regeln des guten Anstands«, wie sie von vielen Menschen genannt werden.

Doch woher kommen diese Regeln?
Wer hat sie festgelegt?
Und muss ich mich an sie halten?

Es gibt unzählige gesellschaftliche Regeln, die nirgends aufgeschrieben sind – und dennoch erwartet jeder, dass sie eingehalten werden. Dem zugrunde liegt unsere Erwartungshaltung, die wir in Bezug auf den Umgang mit anderen Menschen und für das eigene Handeln haben.

Erhalte ich eine Kundenanfrage für einen Vortrag, erwarte ich eine Absage, sollte er sich nicht für mein Angebot entscheiden. Natürlich kann ich eine ausbleibende Rückmeldung richtig einordnen – und dennoch: Eine Absage gehört zum guten Ton, so zumindest meine Erwartungshaltung. Und das ist der springende Punkt: Es ist meine Erwartungshaltung, mehr nicht. Es existiert keine Regel, dass jemand über ein abgelehntes Angebot informiert werden muss. Wenn überhaupt, hat sie den Charakter einer ungeschriebenen Regel. Das gilt gleichermaßen für die zahlreichen Unternehmen, die ihren Bewerbern keine Absage schicken, sollten sie sich gegen sie entscheiden. Ungeschriebene Regel hin oder her: Absagen sind unangenehm. Man möchte andere nicht vor den Kopf stoßen – ist es doch angenehmer,

Stillschweigen zu bewahren. Am Ende macht niemand etwas falsch, so ehrlich muss man sein. Solche Gegebenheiten werden lediglich unterschiedlich bewertet. Man erhofft sich eine Entscheidung, positiv wie negativ. Das gilt für die Aussendung eines Angebots, eine Bewerbung oder die Frage nach einem Date – wir erwarten eine Rückmeldung. Da der Großteil der Gesellschaft diesen Anspruch für sich erhebt, entstand eine ungeschriebene Regel daraus – dem Herdentrieb sei Dank.

Gleiches konnte an dem neuen Schlag von Roger Federer gesehen werden. Die Beschwerde vieler Spieler und Experten ist darauf zurückzuführen, dass sie mit dem Schlag nicht zurechtgekommen sind. Federer agierte jenseits des Erwartbaren. Denn erwartet wurde, dass der Gegner beim zweiten Aufschlag einen Meter hinter der Grundlinie steht und nicht zwei Meter davor. Dadurch, dass es noch nie so gemacht wurde, gehört es sich eben nicht. Als Reaktion darauf wird sich beschwert und dem Einzelnen, in diesem Fall Roger Federer, ein Regelbruch unterstellt. Ein Regelbruch liegt aber keinesfalls vor, es ist nur nicht erwünscht, dass jemand etwas macht, das noch nie jemand gemacht hat. Etwas Neues ist nicht kompatibel mit der eigenen Erwartungshaltung. Zudem wird man gezwungen, sich daran anzupassen – und auch das ist nicht erwünscht.
In Wirklichkeit treffen hier lediglich zwei unterschiedliche Einstellungen und Erwartungshaltungen aufeinander.

Ungeschriebene Regeln können erhebliche Schäden verursachen. Wir bekommen zum Beispiel im Kindesalter schon suggeriert, dass gute Noten einen guten Abschluss bedeuten. Ich habe es an anderer Stelle schon einmal gesagt und möchte es gerne wiederholen: Ein guter Abschluss bedeutet einen Studienplatz an einer prestigeträchtigen Universität. Ein Abschluss an einer prestigeträchtigen Universität wiederum ist ein Garant für einen gut bezahlten Job. Ein gut bezahlter Job legt den Grundstein für ein glückliches und erfolgreiches Leben. Hieraus ergeben sich zwangsläufig Erwartungen, die man versucht zu erfüllen. Das geht so weit, dass das eigene Leben nach diesen Erwartungen ausgerichtet wird.
Ist der Schulabschluss schlecht, ist das Leben im Prinzip schon gelaufen. So sagen es die Regeln.
Ich sehe dieses Phänomen bis heute noch an Hochschulen, an denen ich unterrichte. Die Studierenden sind regelrecht notengeil. Eine schlechte Note führt umgehend zu der Bestätigung: »Das macht mir alles kaputt!« Genauso muss man mit spätestens dreißig Jahren verheiratet sein, Kinder in die Welt setzen und ein Eigenheim besitzen. Haben Frauen mit fünfunddreißig Jahren noch keine Kinder, passen sie nicht in das gängige Gesellschaftsbild.

Ich kann dir ein anderes Lied vorsingen: Wer eine Karriere als Tennisprofi angestrebt, es aber nicht geschafft hat, ist gescheitert. Wer ein Diplom in Marketing hat, in dem Bereich aber nicht arbeitet, ist gescheitert. Wer ein Jahr nach dem Studium arbeitslos ist, einen Job als Tennistrainer anfängt, wieder aufgibt, um dann ein unbezahltes Praktikum bei einer Sportagentur zu machen, ist gescheitert.

Solche Vorgehensweisen entsprechen weder den Regeln der Gesellschaft noch den Regeln vieler Unternehmen, die Bewerber ausschließlich mit einem möglichst lückenlosen Lebenslauf einstellen. Wer diese Lücken hat, ist umgangssprachlich das schwarze Schaf. Ein Zusammenhang, den es objektiv nachweisbar gar nicht gibt. Obgleich eine Grundlage fehlt, werden Regeln und Begrenzungen angewandt, die es eigentlich gar nicht gibt. Dennoch bestimmen sie unser Leben. Ungeschriebene Regeln orientieren sich größtenteils nur an dem, was die Mehrheit macht. Heiratet der Durchschnitt mit neunundzwanzig Jahren, fällt der Zweiunddreißigjährige schon durchs Raster.
Wir tun gut daran, uns von solchen Regeln und Erwartungen zu lösen. Das bedeutet nicht, dass ungeschriebene Regeln keinen Wert besitzen. Jeder sollte in der Straßenbahn für einen älteren Menschen Platz machen und respektvoll mit seinen Mitmenschen umgehen. Doch wir sollten hinterfragen, welche ungeschriebenen Regeln gut sind und welche schlecht.

Auf diese Fragen gibt es keine universellen Antworten. Jeder Einzelne muss sich die Fragen individuell beantworten. Ungeschriebene Regeln sind nicht mehr als gewünschte Verhaltensformen. Die Frage ist also eher, ob man sich mit diesen Verhaltensformen identifizieren kann oder nicht.

2015 hatte ich das Ziel, ein Sachbuch auf den Markt zu bringen. Ich erarbeitete ein Manuskript und schickte es an alle Verlage in Deutschland. Die Enttäuschung war groß, als ich ausschließlich Absagen im

Briefkasten hatte. Allerdings waren sie für mich kein Grund, mein Buchprojekt zu vergessen. Vielmehr überarbeitete ich mein Manuskript und schickte es ein paar Monate später nochmals an alle Verlage in Deutschland. Wieder hagelte es eine Absage nach der anderen. Einige Verlage baten mich sogar, zukünftig kein Manuskript mehr einzureichen, man hätte kein Interesse an einer Veröffentlichung.

Muss ich dieser Bitte nachkommen?
Es gab keine Regel, die mir verbot, ein Manuskript einzureichen, auch nicht mehrmals. Besonders nicht dann, wenn auf der Verlagswebseite mit »Wir freuen uns über jedes Manuskript« für eine Einreichung geworben wird.
Nach erneuter Überarbeitung meines Manuskriptes traf ich die Entscheidung, die Bitte der Verlage zu ignorieren.

Nach einiger Zeit schrieb mir der Geschäftsführer des Verlags BusinessVillage: »Ausdauer haben Sie ja! Lassen Sie uns einmal telefonieren.« Wir telefonierten, zwei Tage später hatte ich einen unterschriebenen Buchvertrag im Briefkasten und sechs Monate später hielt ich mein erstes Buch »Alles Kopfsache« in den Händen.

»Akzeptiere die Absage.«
»Wenn es beim ersten Mal nicht klappt, lasse es sein.«
»Es hat nicht sollen sein.«

Hätte ich diese ungeschriebenen Regeln unserer Gesellschaft eingehalten, wäre das Buch niemals erschienen. Das bewusste Missachten dieser Regeln offerierte mir eine Möglichkeit, die ich schlussendlich genutzt habe. Rückblickend betrachtet kann ich sagen, dass ich optimale Bedingungen für diese Chance geschaffen habe. Das stupide Befolgen ungeschriebener Regeln wird solche Chancen nicht entstehen lassen, denn viele dieser Regeln limitieren und verhindern den Erfolg.

Wir tun also gut daran, die Nützlichkeit ungeschriebener Regeln zu hinterfragen und sie bei Bedarf bewusst zu brechen. Wir müssen uns ins Bewusstsein rufen, dass solche Regeln in Wirklichkeit keine Regeln sind. Es sind lediglich bewährte Handlungsmuster, die sich in der Vergangenheit bewährt haben und die Mehrheit schützen sollen. Mehr nicht. Deswegen müssen sie aber noch lange nicht gut für uns sein.

9.

»Das geht nicht«, gibts nicht – Grenzen überwinden und neue Maßstäbe setzen

Im Jahr 1954 wurde Roger Bannister weltbekannt. Als erster Mensch auf der Welt wollte er eine Meile (1,609 Kilometer) unter vier Minuten laufen. Freilich sind auf die Idee vor ihm schon andere Läufer gekommen, nur sind alle zuvor gescheitert. Dafür gab es eine einfache Erklärung, denn es galt als unmöglich, eine Meile in weniger als vier Minuten zu laufen. Ärzte, Therapeuten, Psychologen und angesehene Lauf-Experten waren sich einig, dass der Mensch hier an eine physiologische Grenze stößt, die nicht überschritten werden kann. Roger Bannister kannte diese Grenze, trat ihr aber mit Desinteresse entgegen. Er ignorierte sie und machte sich die Macht der eigenen Vorstellungskraft zunutze. Er wusste, dass er die Grenze erst in seinem Kopf sprengen muss, bevor er sie in der Realität überwinden kann. In seinen Gedanken lief er die Meile immer wieder unter vier Minuten. In seinem Kopf war er der festen Überzeugung, dass es machbar ist. Auf der Laufstrecke scheiterte er zwar zunächst noch immer mit seinen Versuchen, aber er näherte sich in kleinen Schritten immer stärker der magischen Vier-Minuten-Marke an. Am 6. Mai 1954 war es dann so weit: Als erster Mensch hat er das Unmögliche möglich gemacht und lief eine Meile in einer neuen Weltrekordzeit von 3:59,4 Minuten.

Im weiteren Verlauf passierte dann etwas, das in meinen Augen noch spannender war: Im gleichen Jahr gelang dieses Kunststück siebenunddreißig weiteren Läufern. Im Folgejahr waren es bereits über dreihundert Läufer, die eine Meile unter vier Minuten liefen. Jahrzehntelang erschien es unmöglich, diese Grenze zu überschreiten, dann hat es ein Sportler geschafft und auf einmal ist es für eine Vielzahl von Läufern möglich. Die Gründe liegen auf der Hand beziehungsweise in unserer Vorstellungskraft: Roger Bannister lieferte den Beweis, dass es möglich ist, eine Meile in unter vier Minuten zu laufen. Plötzlich sahen auch andere Läufer darin keine Grenze mehr. Es galt nicht mehr als unmöglich. Jeder wusste nun, dass es machbar ist, also haben es viele andere auch gemacht.
Grenzen lassen sich verschieben, dafür gibt es zahlreiche Beweise. 1978 stehen Reinhold Messner und Peter Habeler als erste Menschen ohne Sauerstoff auf dem Mount Everest – mit 8.848 Metern der höchste Berg der Erde. Das galt als unmöglich. Ärzte hatten berechnet, dass eine Besteigung des Mount Everest ohne Sauerstoff nicht möglich sei. Es waren die Grenzen der Ärzte, nicht die Grenzen von Reinhold Messner und Peter Habeler. Seitdem haben dieses Kunststück viele weitere Bergsteiger wiederholt.

Auch in der Wirtschaftswelt ist dieses Phänomen immer wieder zu finden. Erst als Elon Musk unbeirrt seine elektrischen Autos baute und bei den Kunden Erfolg damit hatte, zogen alle anderen Hersteller nach. Mittlerweile hat sich die ganze Automobilindustrie gewandelt. Elektrische Autos galten für Jahrzehnte als nicht verkaufbar. Bis Musk es vorgemacht hat.

Was können wir daraus lernen? Wir wissen nie, wo unser Limit liegt, wir wissen nur, wo es nicht liegt.

»Das geht nicht!«
»Das ist unmöglich!«
»Das schaffst du nicht!«

Nur allzu oft wird man von seinem Umfeld oder der Gesellschaft durch solche Äußerungen limitiert. Wer dieses Limit akzeptiert und nicht kritisch hinterfragt, wird ausgebremst. Es hilft, zu verstehen, wo diese Limitierungen ihren Ursprung haben: Ist jemand der Überzeugung, dass etwas unmöglich ist, transportiert er seine Grenzen automatisch auf andere. Er reguliert sich selbst und versucht in einem weiteren Schritt andere zu regulieren. Man folgt der Regel: »Was ich nicht schaffe, schaffen andere auch nicht.«

Mir wurde im Laufe meines Lebens so oft gesagt, was alles nicht geht und was ich nicht schaffen werde. Ginge es nach diesen Überzeugungen, hätte ich in meinem Leben nie etwas erreicht. Meine Lehrer waren zu Schulzeiten der festen Überzeugung, dass ich mein Abitur nicht schaffe. Für meine Dozenten an der Universität stand fest, dass ich mit meinem Abschlussthema keine Chance habe, die Diplomarbeit zu bestehen. Die Sportbranche war der festen Überzeugung, dass jemand, der nicht Sport studiert hat, dort nicht arbeiten kann. Und der Traum vom professionellen Redner war der Traum eines realitätsfremden Menschen. Das alles waren Erwartungen. Meine Wirklichkeit sieht anders aus:

Ich habe mein Abitur gemacht.
Ich habe mein Diplom mit einer 1,0 abgeschlossen (aber nur die Diplomarbeit, im Studium war ich faul).
Ich arbeitete im Management des Formel-1-Piloten Nick Heidfeld und gründete sogar meine eigene Sportagentur – ohne vorhergehendes Sportstudium.
Und ich lebe meinen Traum vom professionellen Redner.

Denn die Erwartungen und Vorstellungen anderer waren nicht meine Regeln. Es waren nur die Regeln anderer Menschen.

Menschen, die mir nichts zugetraut haben.
Menschen, die sich selbst nichts zugetraut haben.

»Grenzen überschreiten« ist nicht gleichbedeutend mit »Weltrekorde aufstellen«. Es geht darum, individuelle Grenzen zu überschreiten. Es ist die Kunst, einen Schritt weiter zu gehen, als es unsere Vorstellungskraft erlaubt, losgelöst von der Meinung anderer. Individuelle Grenzen können dann gesprengt werden, wenn man aus den vorgefertigten gesellschaftlichen Mustern ausbricht.
Für Regelbrecher ist es keine Option, die Grenzen und Regeln anderer Menschen auf sich selbst zu transportieren. Sie respektieren sie, aber akzeptieren sie nicht für sich selbst. Das führt dazu, dass sie Grenzen nicht als gegeben hinnehmen und bestrebt sind, sie zu verschieben. Gelingen kann das nur, wenn Grenzen hinterfragt und Regeln gebrochen werden.

Es gibt eine lustige Anekdote aus meiner Schulzeit, die eine prägende Wirkung auf mein weiteres Leben hatte: Für die Belegung der Leistungskurse und Prüfungsfächer in der Oberstufe mussten einige Regeln eingehalten werden. Jeder Schüler musste durch die vier Abiturfächer die drei Aufgabenfelder »Deutsch, Fremdsprache«, »Gesellschaftswissenschaften« und »Mathematik, Naturwissenschaften« abdecken. Aufgrund einer unglücklichen Fächerbelegung war ich gezwungen, Mathematik als Leistungskurs zu wählen. Zum Leidwesen meiner Lehrer, denn ich hatte von Mathe keine Ahnung. Meine Mathelehrerin führte im Vorfeld Gespräche mit meinen Eltern, um sie auf mein Scheitern vorzubereiten, was gleichbedeutend mit »Markus wird sein Abitur nicht schaffen« war.

Mich interessierte das alles nicht, denn ich hatte einen Plan: Ich nutzte die Schulregeln für mich. Die Gesamtnote eines Faches ab der Oberstufe ergab sich aus fünfzig Prozent der schriftlichen Klausuren und fünfzig Prozent der mündlichen Mitarbeit. Meine Strategie war einfachste Mathematik: Eine schriftliche Fünf und eine mündliche Drei ergeben als Endnote eine Vier. Mehr war nicht nötig, um den Leistungskurs und das Abitur zu bestehen.

Ich glaube, meine Mathelehrerin versteht bis heute nicht, wie ich ihren Leistungskurs bestehen konnte. Die Antwort ist recht einfach: Ich habe meine eigenen Regeln aufgestellt und mir die Schulregeln, die gut für mich waren, zunutze gemacht. Die Grenzen meiner Lehrer habe ich einfach ignoriert. Zum Glück, denn man muss sich fragen, was gewesen wäre, wenn ich die Grenzen übernommen hätte. Es wäre ein ganz anderes Leben geworden.

Daher meine eindringliche Botschaft: Andere Menschen mit den eigenen Grenzen zu limitieren, ist grob fahrlässig. Die Auswirkungen können ungeahnte Dimensionen annehmen.
Die Verantwortung liegt immer in erster Linie bei jedem Einzelnen selbst. Akzeptiere ich bestimmte Grenzen, Regeln, Erwartungen oder nicht? Diese Entscheidung triffst du immer selbst.
Um die »Das geht nicht«-Regel zu brechen und Grenzen zu überwinden, müssen die Voraussetzungen zunächst auf der mentalen Ebene geschaffen werden – so wie Roger Bannister es gemacht hat. Wir können nicht erwarten, Grenzen zu sprengen, wenn es in unseren Gedanken als unmöglich gilt. Albert Einstein wusste schon: »Vorstellungskraft ist wichtiger als Wissen, denn Wissen ist begrenzt.« Einzig unsere Vorstellungskraft entscheidet über das, was wir in unserem Leben erreichen können und was nicht. Hier wird das Limit gesetzt, nirgends sonst.

An dieser Stelle setzt auch das berühmte und oft zitierte »Think big« an – die Kunst, groß zu denken. Das Problem vieler Menschen ist, dass sie zu klein denken und sich dann gar nicht vorstellen können, etwas Großes zu erreichen. Dadurch limitieren wir uns auf der mentalen Ebene, was automatisch zu Limitierungen auf der Handlungsebene führt. Warum haben Visionäre wie Elon Musk, Jeff Bezos, Richard Branson oder Steve Jobs die Welt verändert?
Sie hatten von Anfang an eine klare Vision im Kopf. Anfangs unrealistisch, ist sie irgendwann Realität geworden. Die große Herausforderung besteht darin, offen für das Unmögliche zu sein, ohne das Logische außer Acht zu lassen.

Wir müssen uns stärker gegen die zahlreichen »Das geht nicht«-Regeln auflehnen, sollten wir der Überzeugung sein, dass es doch geht. Ob der Status »unmöglich« in Stein gemeißelt ist, wissen wir erst, wenn wir das Unmögliche versucht haben. Die »Das geht nicht«-Regel muss durch die »Wer Mögliches erreichen möchte, muss Unmögliches versuchen«-Regel ersetzt werden. Dann haben wir eine realistische Chance, Grenzen zu sprengen.
Steve Jobs hat im Jahr 2007 alle bis dato geltenden Regeln und Grenzen ignoriert und ein Produkt auf den Markt gebracht, das eine technische und gesellschaftliche Revolution in Gang gebracht hat: das iPhone. Seitdem ist nichts mehr, wie es war. Das iPhone hat ein völlig neue Nutzererlebnisse des mobilen Telefonierens geschaffen und alles Vorherige in den Schatten gestellt. Es wurde nicht nur völlig neues Produkt auf den Markt gebracht, es wurden durch dieses Produkt neue Möglichkeiten geschaffen. Möglichkeiten, die vorher als undenkbar galten. Sie waren technisch machbar, denn in Cupertino arbeiteten Ingenieure und keine Zauberer, aber es hatte niemand so gedacht, wie Apple und Steve Jobs das iPhone erdacht haben.

»Als ob mir so etwas gelingt!«, wird der eine oder andere jetzt vielleicht denken. Wenn du es dir vorstellen kannst, warum denn nicht?

Doch was braucht es im Detail, um Grenzen zu überwinden?
Viel interessanter ist die Gegenfrage: Was braucht es nicht?

Den Verstand. Für das Lösen rationaler Aufgaben brauchen wir natürlich unseren Verstand. Aber geht es darum, Grenzen zu überwinden, steht er oftmals im Weg. Hier kommt wieder das konvergente und divergente Denken zum Tragen. Regeln und manifestierte Muster behindern die eigene Vorstellungskraft und erschweren das Think big. Das ist auch der Grund, warum viele Künstler und Kreative auf Alkohol zurückgreifen. Denkblockaden lösen sich und die Kreativität steigt. Ein Glas Rotwein macht im Kopf frei und kann die Produktivität steigern. Allerdings ist die richtige Menge entscheidend: Ein Glas zu viel und man beraubt sich jeglicher Kreativität. Die positive Wirkung von Alkohol ist tatsächlich vor einigen Jahren wissenschaftlich bewiesen worden (Benedek et al. 2017). 2017 beschäftigte sich ein österreichisches Forschungsteam vom Institut für Psychologie an der Universität Graz mit diesem Thema. Fazit des Experiments: Die Gedächtnisleistung verschlechterte sich durch Alkohol, aber gleichzeitig verbesserte sich die kreative Problemlösung. Das ließ die Psychologen zu dem Ergebnis kommen, dass Alkohol die kognitive Kontrolle lockert. Oder, wie es der Nobelpreisträger für Literatur aus dem Jahr 1950, William Faulkner, gesagt hat: »Die chemische Analyse der sogenannten dichterischen Inspiration ergibt: neunundneunzig Prozent Whisky und ein Prozent Schweiß.«
Wer nach diesen Informationen nun vorhat, die eigenen Grenzen ganz einfach mit ein paar Cocktails zu überwinden, für den habe ich eine deutliche Warnung: Die Psychologen der Universität Graz kamen auch zu der Erkenntnis, dass Alkohol nur in geringen Mengen die kognitiven Kontrollen lockert.

10.

Die Strategie der schöpferischen (kreativen) Zerstörung

Evolution lebt vom Tod. Etwas Neues kann nur leben, wenn etwas Altes stirbt. Altes Leben geht, neues Leben kommt. Das gilt auch für die Wirtschaftswelt: Ideen sterben. Produkte sterben. Zielgruppen sterben. Pläne sterben.
Es ist eine menschliche Grundneigung, den Tod nicht wahrhaben zu wollen. Es wird alles Mögliche unternommen, Dinge künstlich am Leben zu erhalten. Wir halten an Ideen fest, die nicht mehr zielführend sind. Wir investieren in Produkte, deren Lebenszyklus zu Ende ist. Wir halten an Beziehungen fest, die schon längst tot sind. Wir gehen weiter unserem Job nach, obwohl wir schon längst innerlich gekündigt haben. Wir bleiben auf dem sinkenden Schiff, wohl wissend, dass es sinkt. Diese Neigung hat gefährliche Auswirkungen: Lassen wir etwas nicht sterben, halten wir Neues auf. »Lebendig Totsein« wird dieser Zustand genannt.

In der Wirtschaftswelt ist der Glaubenssatz fest verankert, dass etwas immerzu wachsen muss. Produkte müssen immer erfolgreicher und besser werden, die Umsatzzahlen müssen jährlich steigen und die Gewinnzahlen müssen es ihnen gleichtun. »Stetiges Wachstum« ist das konstant ausgesprochene Ziel. Ein Plan, der zum Scheitern verurteilt ist, denn er ist realitätsfremd und lebensfern.

Das wusste schon der österreichische Ökonom Joseph Alois Schumpeter, der 1911 den Begriff der »schöpferischen Zerstörung« geprägt hat. Jede ökonomische Entwicklung baut im Kern auf einer Zerstörung von etwas Bestehendem auf – so seine Theorie, mit der er seiner Zeit voraus war. Gemeint ist die Zerstörung von alten Märkten durch neue Technologien, Produkte, Dienstleistungen, Methoden oder Geschäftsmodelle (Glück 2021). Schumpeter war der Meinung, dass die schöpferische Zerstörung, auch »kreative Zerstörung« genannt, die Basis für Innovationen, Wachstum und Wohlstand ist. Erst das Neue macht radikale Veränderungen möglich. Unternehmen, aber auch wir Menschen streben Fortschritt, Entwicklung und Veränderung an, verfolgen dabei aber stets die Strategie der Stabilität und Planbarkeit.
Im Laufe der Jahrzehnte ist Schumpeters Theorie für Unternehmen immer relevanter geworden. »Innovation« wird heute in jeder Organisation großgeschrieben und genießt höchste Priorität. Viele Unternehmer haben erkannt, dass nicht die Unternehmensgröße die Stärke einer Unternehmung definiert, sondern die Fähigkeit, sich an stets ändernde Rahmenbedingungen anzupassen.

Wer die schöpferische Zerstörung nicht ernst nimmt, hat mit erheblichen wirtschaftlichen Folgen zu kämpfen. Ein Paradebeispiel dafür ist Sony. Die meisten von euch werden aus ihrer Kindheit noch den Walkman kennen. Für die neueren Generationen, die das Kultprodukt nicht kennen: Man konnte Musikkassetten in den Walkman einlegen und über Kopfhörer Musik hören. Was langweilig klingt, war in den Achtzigerjahren eine Sensation. Sony hatte mit dem Produkt einen

Welterfolg gelandet und dominierte den Markt zwanzig Jahre lang nach Strich und Faden, bis Apple den Markt mit dem iPod betrat. Für Menschen, die iPods schon nicht mehr kennen, sei angemerkt, dass der kalifornische Computerhersteller, bevor er den Handymarkt umkrempelte, zunächst den Markt für mobile Musikplayer auf den Kopf stellte. Anstatt mit der vorhandenen Marktmacht auf Apples Markteintritt im Jahre 2001 zu reagieren, erkannte Sony die Gefahr nicht und ließ Apple einfach machen. 2007 hatte Apple einhundert Millionen iPods verkauft und faszinierte damit seine Kunden. Nicht nur die: Auch die Weltpresse, denn sie titulierte den iPod als den »Walkman des 21. Jahrhunderts«. Parallel zum iPod baute Apple sein Internetangebot für Musiksongs, den iTunes Store, aus und verzeichnete 2009 bereits einen Marktanteil von siebzig Prozent am amerikanischen Musik-Downloadmarkt (Arnold 2012). Es ist nicht so, dass Sony den Markt digitaler Musikplayer nicht erkannte, doch man hatte die falsche Strategie. Sony sah den Schlüssel zum Erfolg in der Hardware, während Apple erkannte, dass es die nutzerfreundliche Verknüpfung von Hard- und Software mit passenden Inhalten ist. Getrieben von schöpferischer Zerstörungskraft machte Apple aus einem guten Produkt ein überragendes Produkt: Verknüpfung zu iTunes bis hin zum Aufbau einer Lifestyle-Marke – der iPod wurde ein Welterfolg. Auch Netflix hat Marktführer Blockbuster mit dieser schöpferischen Zerstörung vom Markt vertrieben und sich selbst zur Nummer eins gemacht.

Stabilität durch stetige Weiterentwicklung – was paradox klingt, ist in Wirklichkeit das Erfolgsgeheimnis der heutigen Zeit. So werden in den nächsten Jahren Elektroautos sukzessive Benziner ersetzen. Elon Musk hat mit Tesla vor vielen Jahren die schöpferische Zerstörung dieses Marktes in Gang gebracht, die nicht mehr aufzuhalten ist. Häufig verschwinden nicht nur bewährte Produkte vom Markt, sondern deren Produzenten gleich mit. Einige wenige Unternehmen schaffen es, sich rechtzeitig an die neuen Marktbedingungen anzupassen, verlieren aber in der Regel ihre Vormachtstellung.

In Wirtschaftsunternehmen ist die schöpferische Zerstörung aktueller denn je. Ich habe es schon einmal gesagt: Viele Marktführer sind Künstler im Verwalten, nur geht das auf Dauer nicht gut. Das Verwaltende erstickt das Wertschaffende. Bestes Beispiel sind Reisebüros und Hotels, die in den letzten Jahren erhebliche Marktanteile einbüßen mussten, weil sie von kreativen Zerstörern wie Airbnb, die Privatunterkünfte über die eigene Plattform vermitteln, überrannt wurden.

In der Wirtschaftswelt wird selten über »schöpferische Zerstörung« gesprochen, dafür umso mehr über »disruptive Innovation«.
Für das Wort »disruptiv« gelten zahlreiche Übersetzungen, die alle in die gleiche Richtung gehen: Störung, Riss, Bruch, Zusammenbruch, Zerrüttung, um nur einige zu nennen. Im Prinzip verbirgt sich dahinter nichts anderes als die schöpferische Zerstörung.

Der US-amerikanische Wirtschaftswissenschaftler Clayton Christensen hat beschrieben, wie solche disruptiven Veränderungen entstehen: Alle bahnbrechenden Technologiesprünge wurden von den führenden Unternehmen der jeweiligen Branchen verpasst. Für ihn sind es immer die kleinen und jungen Unternehmen, meistens Startups, die technologischen Fortschritt schaffen und veraltete Strukturen zerstören. So entstehen neue Märkte und neue Geschäftsmodelle.

Es braucht Regelbrecher, die Märkte aufbrechen und die am Markt geltenden Spielregeln grundlegend verändern. So wie 1998 der damals achtzehnjährige Student Shawn Fanning: Er wollte Musikdateien im MP3-Format mit anderen austauschen und entwickelte eine Software, mit der Dateien direkt zwischen mehreren an das Internet angeschlossenen Computern ausgetauscht werden konnten. Er gründete die Internetplattform Napster und drehte die Musikbranche komplett auf den Kopf.

Christensen sieht den disruptiven Prozess als zwingend notwendig für eine funktionierende Weiterentwicklung des Marktes (Fleig 2021).
Ich gehe noch einen Schritt weiter und sage, dass sie zwingend notwendig für die Weiterentwicklung von uns allen ist, ganz besonders für unsere persönliche Entwicklung. Es ist ein interessantes Gedankenspiel, die kreative Zerstörung (oder meinetwegen auch die disruptive Innovation) auf das eigene Leben zu transportieren. So oft kommt es vor, dass Rückschläge zu radikalen Veränderungen führen, die unsere eigene Zukunft maßgeblich beeinflussen. Ob es die plötz-

liche Trennung vom Lebenspartner, die Kündigung des Arbeitgebers, die Insolvenz oder eine Erkrankung ist – ganz oft sind es Schlüsselmomente für die schöpferische Zerstörung, die radikale Veränderungen in Gang setzt. Zahlreiche Menschen hören nach einem Herzinfarkt von jetzt auf gleich mit dem Rauchen auf und schlagen einen gesunden Lebensstil ein. Das Leben wird umgekrempelt und man erfindet sich quasi neu. Ich sagte es bereits: Nach leidvollen Erfahrungen ist das Entwicklungspotenzial des Einzelnen am größten.

Jede Krise ist eine Chance, heißt es so schön. Das ist nur deswegen zutreffend, weil uns Krisen häufig zur schöpferischen Zerstörung zwingen, wollen wir sie denn überstehen. So haben sich zahlreiche Unternehmen während der Coronakrise komplett neu erfunden, indem sie Altes zerstört und Neues aufgebaut haben. Das sind zugleich die Unternehmen, die nach der Krise als Gewinner hervortreten.
Die große Herausforderung besteht darin, die kreative Zerstörung nicht nur während Krisen und in Momenten des Leids walten zu lassen, sondern schon in Zeiten des Erfolges. In guten, bequemen Zeiten werden Veränderungen jedoch meist vermieden. Warum etwas ändern, wenn alles hervorragend läuft? Zudem bringen Veränderungen immer Risiken mit sich und das Grundbedürfnis nach Sicherheit genießt auch an der Stelle oberste Priorität.
Ob es Innovationen in Unternehmen oder neue Wege im persönlichen Leben sind: Sie gelten als risikoreich mit ungewissem Ausgang. Das sind sie zweifelsohne – aber ist es nicht weitaus risikoreicher, veraltete Dinge immer weiter zu optimieren?

Es wird stets versucht, Risiken zu minimieren oder sie gänzlich zu vermeiden.
Wollen wir uns weiterentwickeln, egal ob als Unternehmen, Gesellschaft oder einzelner Mensch, geht das nur über die kreative Zerstörung. Die Protagonisten dieser Zerstörung sind Regelbrecher, was sie zugleich zu unbeliebten Menschen macht.

Regelbrecher sind anstrengend. Sie sind Störenfriede und bringen Unruhe in harmonische Strukturen. Wer sich bewegt, tritt der stehenden Masse automatisch auf die Füße. Dieses Verhalten wird grundsätzlich von der Mehrheit abgelehnt. Dafür gibt es natürlich Gründe: Veränderungen machen der Mehrheit Angst. Sie bedeuten Gefahr für diejenigen, die es sich im Status quo bequem gemacht haben. Es ist lästig, Bewährtes hinter sich zu lassen und neue Wege zu gehen. Deswegen gibt es Komfortzonen, in denen man sich einnistet. Solche Komfortzonen sind gesellschaftlich akzeptiert und es gibt wenig Gründe, die einen Ausbruch rechtfertigen.
Veränderungen stören die Routinen und die eingerichtete Bequemlichkeit des Lebens. Regelbrecher stoßen genau solche Veränderungen an, weswegen sie bei der breiten Masse als Persona non grata gelten. Sie gefährden Harmonie und Idylle, denn sie sind der Überzeugung, dass im harmonischen Einklang mit sich und der Umwelt nichts Substanzielles verändert werden kann. Die Mehrheit hingegen hat keinerlei Interesse, Substanzielles zu verändern, und folgt lieber der Regel »Das haben wir schon immer so gemacht«.

In Unternehmen sind Innovationen dringend erwünscht, aber bitte ohne Störenfriede. Das eine schließt das andere aus. Viele Organisationen sind auf Effizienz getrimmt. In Zusammenarbeit mit kostspieligen Unternehmensberatern wurden mühsam Strukturen und Prozesse geschaffen und optimiert, die Effizienz gewährleisten. Wer möchte da schon Menschen in den eigenen Reihen haben, die alles und jeden hinterfragen, scheinbar erfolgreiche Prozesse und Strukturen auf den Kopf stellen oder andere mit ihren »komischen Ideen« nerven. Solche Menschen sorgen nur für Unruhe und das ist niemals gut für das Betriebsklima – so zumindest die Ansicht vieler Führungskräfte, Manager und Geschäftsführer. Ein Blick in die großen Konzerne genügt: Man möchte Mitarbeiter haben, die kalkulierbar sind und deren Verhalten berechenbar ist. Das sind die klassischen Jasager. Egal welche Entscheidungen auch von der Unternehmensführung getroffen werden, sie müssen akzeptiert und umgesetzt werden. So wird sichergestellt, dass es wenig Konflikte gibt und alle Mitarbeiter harmonisch zusammenarbeiten. Regelbrecher sind rebellische Mitarbeiter, die nicht in dieses idyllische Bild hineinpassen. Harmonie und Rebellion passen nicht zusammen.

Unternehmen mit klassischen Geschäftsmodellen wünschen sich loyale Mitarbeiter. Jemand, der sich strikt an die Regeln hält und sie befolgt – unabhängig davon, ob er sie für richtig erachtet oder nicht. Auch hier ist wieder mal ein Denkfehler: Mit Loyalität hat das in der Realität wenig zu tun, es ist maximal Heuchelei. Ein loyaler Mitarbeiter sollte Missgunst, Fehler oder limitierende Prozesse aufzeigen dürfen – ohne Angst vor Konsequenzen haben zu müssen. In den wenigsten Unternehmen ist diese Art von Störungen erwünscht, obwohl sie dringend nötig ist.

Rebellische Mitarbeiter sind sogar loyaler als Mitarbeiter, die blind Regeln und Vorgaben der Chefetage befolgen. Sie versuchen, Prozesse zu verändern, die das Unternehmen aufhalten, die Wachstum verhindern und Innovationen im Weg stehen. Sie regen die so wichtige kreative Zerstörung an. Anstatt sie zu schätzen, werden sie als Störenfriede oder gerne auch als Selbstdarsteller gesehen. Sie wollen auffallen und im Mittelpunkt stehen. Deswegen stören sie die Harmonie. Ihnen werden oft egoistische Persönlichkeitszüge nachgesagt. Dabei sind Mitläufer, die immerzu »Ja und Amen« sagen, obwohl sie innerlich anderer Meinung sind, viel egoistischer. Man stimmt zu, um in Ruhe gelassen zu werden, gemäß dem Motto: »Bloß nicht auffallen.« Wer nach diesem Grundsatz handelt, ist ausschließlich auf seinen eigenen Vorteil bedacht und somit egoistisch motiviert. Rebellische Regelbrecher sind das genaue Gegenteil: Sie zeigen Missstände auf, falsche Wege, durchbrechen eingefahrene Muster und setzen positive Veränderungen in Gang. Für die Mehrheit sind sie um ein Vielfaches nützlicher. Profiteur der daraus resultierenden Veränderungen ist immer die Mehrheit, nicht der Rebell an sich. Mit Egoismus und Selbstsucht hat das wenig zu tun.

Regelbrecher sind dementsprechend häufig einsame Hirten, was sowohl für die Wirtschaftswelt als auch das gesellschaftliche Leben gilt. Wir folgen der Regel »Wer aus der Reihe tanzt, den mögen wir nicht«, denn dieser Jemand hat das Potenzial, uns aus unserer Komfortzone zu bringen und für Veränderungen zu sorgen – Veränderungen, die wir uns unbewusst wünschen, bewusst aber nicht antreten wollen.

Ohne die Macht der schöpferischen Zerstörung gäbe es keine Entwicklung und wir würden heute noch in Höhlen leben. Schöpferische Zerstörung steht für Fortschritt, ohne den unsere Gesellschaft nicht zukunftsfähig ist. Ohne rebellische Regelbrecher gibt es wiederum keine schöpferische Zerstörung. Tief in unserem Herzen lieben wir alle den Rebellen. Menschen, die, von einer Idee getrieben, versuchen, die Realität zu verändern. Menschen, die Dinge sehen, die sonst niemand sieht. Gleichzeitig mögen wir diese Menschen nicht, denn quasi über Nacht müssen wir uns verändern und von lieb gewonnen Weltbildern verabschieden. Ein Blick in die Vergangenheit zeigt: Jede Veränderung, jede Revolution, jede gesprengte Grenze trägt den Stempel der Ablehnung in sich. Gleichzeitig wissen wir, dass diese Menschen unser aller Leben positiv verändern.
Unternehmen müssen sich solche Regelbrecher ins Haus holen, um langfristig am Markt bestehen zu können.

Und was ist mit uns selbst?
Wir müssen es in unserem Leben selbst wagen, Regeln zu brechen und schöpferische Zerstörung walten zu lassen. Sonst reiten wir ein Leben lang auf dem berühmten toten Pferd und kommen nicht voran. Die Veranlagung dafür haben wir. Sie steckt in jedem von uns, wir müssen sie nur nutzen.

11.
Der Reiz des Verbotenen – in jedem von uns steckt ein Rebell, auch in dir

Jeden Morgen gehe ich mit unseren Hunden über die Felder spazieren. Auf der Hälfte meiner Morgenrunde liegt ein alter Bauernhof. In der Mitte steht ein großes weißes Haus, was leider in die Jahre gekommen und nicht mehr bewohnt ist. Das Haus ist umgeben von einem riesigen Grundstück, auf dem Pferde, Kühe und Ponys stehen. Der Hofeigentümer kommt mehrmals am Tag dorthin, um das Grundstück zu pflegen und die Tiere zu versorgen. Seine Tiere locken viele Familien mit kleinen Kindern aus der Nachbarschaft an, ganz besonders an den Wochenenden. Dieser private Hof ist für die Familien der kleine Streichelzoo um die Ecke. Vor einiger Zeit plakatierte der Besitzer den Zaun mit Warnhinweisen: »Bitte nicht die Tiere füttern!« Darunter ein netter Hinweis, dass andernfalls die Ernährung der Tiere nicht kontrolliert werden kann, was zu Krankheiten führt. Abschließend noch der Hinweis: »Die Tiere werden sehr gerne gestreichelt«, mit mehreren zwinkernden Emojis dahinter.

Die Warnhinweise sind so angebracht, dass sie nicht übersehen werden können. Doch jedes Wochenende, wenn ich dort vorbeigehe, werden die Tiere von den meist jungen Besuchern gefüttert. Eltern geben ihren Kindern Möhren und Gras und motivieren sie, die Tiere zu füttern. Mit ihren Smartphones stehen sie daneben und machen Fotos für die ganze Familie. Die Warnhinweise werden penetrant ignoriert, als wären sie gar nicht vorhanden.

Was passiert hier? Es ist der unbewusste Reiz des Verbotenen, der hier zum Tragen kommt. Verbieten Eltern ihren Kindern die Schokolade, wird das Verlangen danach noch viel größer. Ein Blick in die eigene Jugend genügt: Man durfte auf die ersten Partys gehen, aber das Trinken von Alkohol wurde von den Eltern strengstens untersagt. Genau dieses Verbot machte es aber erst reizvoll, doch Alkohol zu trinken. An der Stelle muss ich meinen Eltern großen Respekt zollen, denn sie haben es bei mir und meiner Schwester geschickt gemacht. Wollten wir den ersten Schluck Alkohol trinken oder einen Zug an einer Zigarette ausprobieren, sollten wir es sagen, dann konnten wir es ausprobieren. »Es gibt keinen Grund, es heimlich zu machen«, höre ich heute noch meine Mutter zu uns sagen. Letztlich habe ich dann überhaupt kein Bedürfnis danach gehabt. Rückblickend betrachtet fehlte mir der Reiz des Verbotenen. Meine Mitschüler hingegen, die mit vierzehn Jahren schon rauchten, tauschten sich jeden Tag darüber aus, mit welchen Strategien sie es ihren Eltern verheimlichen. Man konnte nicht übersehen, wie sie den Reiz des Verbotenen auskosteten.

Es ist ein unbestrittenes Phänomen, dass der Mensch das, was er nicht haben kann, umso mehr möchte. Zu Beginn des Buches ist im Zuge der Regelbefolgung schon der Begriff »Reaktanz« gefallen, der für dieses Phänomen ausschlaggebend ist. Reaktanz beschreibt den Drang, genau das zu bekommen, was man aktuell nicht haben kann.

In der Regel geschieht dies genau dann, wenn von jemandem ein Verbot ausgesprochen und man dadurch eingeschränkt wird. Daraus resultiert eine klassische Trotzreaktion gemäß dem Motto »Jetzt erst recht«. Reaktanz ist dabei nicht unser Verhalten an sich, sondern die zugrunde liegende Motivation. Sie ist der Impuls, den wir bekommen und dem entsprechend wir in der Folge reagieren.
Die Reaktanz geht bis auf die Steinzeit zurück. Sie war damals schon ein mächtiges Werkzeug, um Überleben zu sichern. Hätten Menschen Grenzen einfach akzeptiert, wäre die Weiterentwicklung ausgeblieben. Wahrscheinlich wäre die menschliche Rasse irgendwann ausgestorben.
Reaktanz weckt Neugier und Interesse. Eine gewisse Weiterentwicklung durch das Sprengen von Grenzen ist gesichert. Es ist von der Natur so gewollt. Unser Gehirn schüttet große Mengen des Glückshormons Dopamin aus, sobald um etwas gekämpft wird, das unerreichbar erscheint oder verboten ist. Für diesen Kampf belohnt uns das Gehirn, indem wir uns glücklich und zufrieden fühlen. Interessanterweise werden wir auch belohnt, wenn die eigentliche Erfahrung schlecht war oder wir bei dem Versuch, Grenzen zu überschreiten, gescheitert sind. Die Belohnung resultiert also nicht aus dem Ergebnis an sich, sondern aus dem Versuch, etwas gemacht zu haben, was man nicht machen sollte.

In der Psychologie wird das Phänomen als Forbidden-Fruit-Effekt bezeichnet. Psychologische Forschungen haben einschlägig gezeigt, dass Verbote Begehrlichkeiten nach etwas erwecken, selbst wenn es uns davor nicht besonders wichtig gewesen ist (Bushman 1996).

Als Red-Bull-Gründer Dietrich Mateschitz 1987 die ersten Energydrinks in die europäischen Märkte einführte, waren die Getränke in einigen Ländern nicht zugelassen. Grund dafür war der Wirkstoff Taurin. Die breite Masse hat die Nichtzulassung mit einem Verbot gleichgesetzt. Das wiederum führte dazu, dass ein ungeahnter Hype an den Bartheken der Welt entstanden ist.

Dieses Phänomen machen sich zahlreiche Unternehmen zunutze, indem Produkte der Kategorie »Limited Edition« auf den Markt gebracht werden. Das ist nicht mehr als ein psychologisches Marketing-Spiel. Sobald etwas begrenzt ist, steigt die Nachfrage. Das weiß auch der Onlineversandhändler Amazon. »Nur noch drei auf Lager« oder fünf oder acht, auf jeden Fall nicht mehr als zwölf. Das erweckt bei den Konsumenten Begehrlichkeiten und die Produkte werden schneller gekauft.

Aber was genau macht verbotene Früchte so süß?
Warum wollen fünfzehnjährige Teenager FSK-18-Filme gucken? Weil es für sie verboten ist und das Begehrlichkeiten weckt, ist nur die halbe Wahrheit. Die andere ist die Neugier, herauszufinden, was genau in dem Film passiert, dass Jugendliche ihn nicht schauen dürfen. Um dem Drang der Neugier nachzukommen, ist man auch bereit, negative Konsequenzen in Kauf zu nehmen – zum Beispiel schlaflose Nächte.

Als Student habe ich versucht, Geld zu sparen, wo es nur ging. Ganz besonders beim Bahnfahren, weswegen ich häufig schwarzgefahren bin. Ich musste öfter von Mönchengladbach nach Düsseldorf, eine Strecke von dreißig Kilometern. Ich sah es nicht ein, damals einen Ticketpreis von knapp vierzehn Euro zu bezahlen. Dennoch war Geldsparen das untergeordnete Motiv. Mich reizte vielmehr die Frage, ob ich es schaffe, nicht erwischt zu werden. Was mich noch viel mehr reizte: Wenn ich vom Schaffner erwischt werde, schaffe ich es, mich herauszureden? Das ging so weit, dass ich mir Strategien überlegt und Defizite der Deutschen Bahn ausgenutzt habe. Am Hauptbahnhof Mönchengladbach konnte an den Ticketautomaten nicht mit einem Fünfzigeuroschein bezahlt werden. Also steckte ich mir einen Fünfzigeuroschein ins Portemonnaie. Erwischte mich ein Schaffner ohne Ticket, sagte ich, dass ich ein Ticket lösen wollte, der Automat aber keinen Fünfzigeuroschein nahm – als Beweis hatte ich ja einen dabei. Schweren Herzens musste ich dann beim Schaffner bezahlen. Interessant wurde es aber, als die Schaffner kein Bargeld mehr annehmen durften. Ich musste oft beim nächsten Halt aussteigen, habe es aber auch immer wieder geschafft, mich rauszureden. Für mich war es einerseits eine jugendliche Rebellion gegen die Preispolitik der Deutschen Bahn, aber vor allem war es der Reiz des Verbotenen. Es kam einer inneren Genugtuung gleich, nicht erwischt zu werden oder mich rausgeredet zu haben.

Die Neugier, die ich verspürte, hat jeder in sich: Stell dir vor, du nimmst an einer Studie teil. Du sitzt in einem Vorraum eines Labors an einem Tisch und wartest darauf, dass dich die Forscher ins Labor bitten. Auf dem Tisch liegen Stifte. Manche sind mit einem roten Aufkleber versehen, einige mit einem grünen und einige mit einem gelben. Man sagt dir, dass du zum Zeitvertreib mit den Stiften »spielen« darfst. Aber Achtung! Die Stifte sind noch vom letzten Experiment. Klickst du bei denen mit einem roten Aufkleber die Mine heraus, gibt dieser einen Stromstoß ab. Bei den Stiften mit einem grünen Aufkleber passiert nichts. Und die mit einer gelben Markierung sind unberechenbar. Manche geben einen Stromstoß ab, manche nicht.

Welchen Stift nimmst du?
Dieses Experiment führten die Forscher Christopher Hsee und Bowen Ruan durch. Nur gab es zwei Gruppen. Gruppe eins wurden Stifte mit einer roten und grünen Markierung auf den Tisch gelegt. Gruppe zwei ausschließlich Stifte mit einer gelben Markierung. Ziel der Forscher war es, herauszufinden, welche Kugelschreiber das größte Interesse wecken würden. Es gab ein eindeutiges Ergebnis: Die Probanden der zweiten Gruppe fassten die gelben Stifte immer wieder an. Gibt es einen Stromstoß oder nicht – das wollten sie herausfinden.
Die Forscher sind sich sicher, dass Neugier der Grund dafür ist. Der Reiz der Ungewissheit ließ sie immer wieder zu den Stiften fassen. Wer nur einen Stromstoß hätte haben wollen, der hätte in der ersten Gruppe einfach nach dem roten Stift gegriffen. Das machte nur niemand (Wüstenhagen 2016).
Neugier ist stärker als Vernunft. Dieses Phänomen wird von den beiden Forschern Pandora-Effekt genannt – orientiert an der Büchse der Pandora aus der griechischen Mythologie, die Pandora nicht öffnen durfte, es aber trotzdem tat.

Natürlich bringt Neugier auch Gefahren mit sich: Fragen, deren Antworten man nicht hören möchte, oder Seitensprünge, die Beziehungen beenden. Aber eines überwiegt: Neugier lässt uns mutig sein. Sie lässt uns Risiken eingehen. Kolumbus hätte nicht Amerika entdeckt, wenn er nicht getrieben von der Neugier in See gestochen wäre. Wir wären nicht zum Mond geflogen und der Mars würde nicht erkundet werden. Wir hätten keine neuen Technologien und würden nicht in Flugzeugen um die Welt fliegen. Alles das wäre ohne Neugier der Menschen nicht möglich. Auch wenn die Neugier bei jedem von uns individuell stark ausgeprägt ist – die psychologischen Studien miteinbezogen –, kann gesagt werden, dass in jedem von uns ein Rebell steckt. Das zeigt auch die Definition von Rebellen: Es sind Menschen, die Regeln und Autoritäten hinterfragen, herausfordern und bewusst umgehen – im Kleinen wie im Großen.

Bei manchen ist der Drang nach Rebellion stärker ausgeprägt als bei anderen – aber er ist in jedem von uns vorhanden. Doch warum gibt es weitaus weniger Menschen, die sich an die elementaren, limitierenden Regeln wagen, aber umso mehr Menschen, die unbedeutende Regeln brechen? Ob das nun der fehlende Parkschein oder der ignorierte Warnhinweis ist – viele haben keinen Skrupel, sich gegen diese Art von Regeln zu widersetzen. Geht es darum, gesellschaftliche Regeln, Vorschriften des Arbeitgebers oder bewährte Lebensregeln zu brechen, wagen sich viele nicht an den Regelbruch heran. Die Gründe liegen in den zu erwartenden Konsequenzen, die ein Regelbruch mitbringt. Wird kein Parkschein gelöst, nimmt man ein Knöllchen in Höhe von zehn bis dreißig Euro in Kauf. Die wenigsten werden daran finanziell zugrunde gehen.

Füttert man verbotenerweise Tiere, hat man kaum mit härteren Sanktionen zu rechnen. Maximal ein Rüffel des Eigentümers, mehr kann nicht passieren, aber dafür muss er einen auch erst einmal auf frischer Tat ertappen. Selbst dann bleibt noch die Option des Herausredens. Und überhaupt: Ein großer Teil der Gesellschaft macht es, man findet also immer Bestätigung und Verständnis. Aber dem Vorgesetzten widersprechen? Neue, unerforschte Wege gehen, um im Leben weiterzukommen? – Nein, das ist eine Nummer zu risikoreich.

Wer dem Chef widerspricht, könnte in Ungnade fallen. Schlimmstenfalls droht der Verlust des Jobs. Wer neue Wege geht, läuft Gefahr, sich zu verlaufen. Das Grundbedürfnis nach Sicherheit und Anerkennung ist in Gefahr, was viel schwerer ins Gewicht fällt. Ein Risiko, dem sich viele Menschen nicht gegenüberstellen wollen. Je mehr wir verlieren können, umso mehr scheuen wir uns, dem Drang nach Verbotenem nachzugeben, und umso geringer fällt die Neugier aus, herauszufinden, wo uns der Regelbruch hinführen könnte. Dabei wird ein entscheidender Fehler gemacht: Wir sehen nur das, was wir verlieren können. Aber wir sehen nicht das, was wir gewinnen können.

Was ich mich frage: Es gibt zahlreiche Menschen, die ihre Grenzen ausloten und überschreiten wollen, getrieben von der Neugier, die Frage »Schaffe ich das?« zu beantworten. Was machen sie dafür? Bungee-Jumping, Fallschirmspringen oder Klettern ohne Sicherung. An die großen Regeln wagen sie sich aber nicht heran, weil das Sicherheitsbedürfnis in Gefahr ist. Wo ist die Sicherheit beim Fallschirmspringen oder Bungee-Jumping?

Öffnet sich der Fallschirm nicht, ist der Preis der Tod. Breche ich elementare Regeln und falle damit auf die Nase, geht das Leben weiter. Wir sollten wieder mehr mit unserem Leben spielen, nur auf einer anderen Ebene.
Wir gehen so oft Risiken bei Dingen ein, bei denen es nicht viel zu gewinnen gibt. Geht es darum, etwas zu wagen, bei dem der Gewinn hoch ist, lassen wir es sein. Wirklich Sinn macht das nicht.

Neugier kann hervorragend eingesetzt werden, um neue Wege zu gehen, persönliche Grenzen zu sprengen und die neuen Ziele im Leben zu erreichen. Wir müssen uns nur fragen: Was kann erreicht werden? Wo bringen mich Regelbrüche hin? Die Veranlagung dafür haben wir. Jeder von uns. Wie gesagt setzen wir sie nur größtenteils für die falschen Dinge ein, leider.

12.

Das Mindset der Rulebreaker – wie Menschen denken, deren Ideen die Welt verändern

Reed Hastings, Michael O'Leary, Roger Bannister – alles Rulebreaker, die du in den letzten Kapiteln schon kennengelernt hast. Es sind Menschen, die die Welt verändert haben. Aber sie verändern nicht nur die Welt, sondern auch Unternehmen, sie schaffen Fortschritt und Innovationen, sprengen Grenzen und gehen neue Wege.

Doch was genau machen Regelbrecher anders als andere Menschen?
Wie denken sie?
Und was macht sie so erfolgreich?

Um diese Fragen zu beantworten, muss hinter die Fassade der Rulebreaker geschaut werden. Eines steht fest: Es muss fundamentale Unterschiede zu Menschen geben, die Regeln befolgen und ihr Leben danach ausrichten – und die gibt es auch.
Rulebreaker leben kein Leben nach einem vorgefertigten Muster oder zeigen regelkonformes Verhalten. Sie sind anders. Sie denken anders. Und sie handeln anders. Regelbrecher sind keinesfalls schlauer und intelligenter als andere Menschen. Vielmehr bringen sie eine gewisse Kaltschnäuzigkeit mit. Sie beherrschen das freie und radikale Den-

ken. Sie kennen die Regeln, sind ihnen gegenüber aber respektlos. Sie sind rücksichtlos. Nicht gegenüber anderen Menschen, aber gegenüber den Umständen. Sie sind stets in der Lage, sich anzupassen und flexibel zu sein, sollten die äußeren Umstände sie dazu zwingen.
Ihr Weg verläuft selten geradlinig, ihre Ziele verlieren sie aber niemals aus den Augen. Rulebreaker brechen nur zu gerne mit festgefahrenen Strukturen, veralteten Verhaltensmustern und vorgefertigten Glaubenssätzen. In der Wirtschaft stellen sie bestehende Geschäftsmodelle infrage. Im gesellschaftlichen Leben hinterfragen sie die Nützlichkeit von Regeln. Sie wollen verändern, transformieren und weiterentwickeln. Das ist ihr innerer Motor, der sie antreibt. Dabei nutzen sie ganz oft das Momentum der Überraschung und die Trägheit der anderen zu ihrem Vorteil, denn sie wissen: Der Schnellere gewinnt und der Schnellere ist immer der Rulebreaker.
Sie haben den Mut, auch die eigenen Gesetze des Handelns bewusst zu brechen. Aber bedenke: Regelbrecher sind keine kriminellen Menschen. Sie brechen Regeln, aber keine Gesetze. Sollten sie Gesetze brechen, dann nur, wenn die möglichen Konsequenzen so gering wie möglich sind und der Mehrwert des Regelbruchs diese rechtfertigt.
Dadurch, dass sie Widersprüchlichkeiten aufzeigen, sind sie schwer zu kontrollieren und gewissermaßen unberechenbar. Das macht sie gefährlich. Nicht für die Menschheit, denn von ihren positiven Veränderungen profitiert die breite Masse gleichermaßen. Gefährlich werden können sie nur für Menschen, die sie unterschätzen und sie nicht ernst nehmen. Es liegt in der Natur der Sache, dass Menschen mit verrückten Ideen und unorthodoxen Denkweisen wenig Anklang bei der Allgemeinheit finden. Als Ryanair mit dem Konzept »Billig-

flieger« den europäischen Markt betreten hat, wurde sie von der Konkurrenz ausgelacht. Niemand nahm das Unternehmen ernst. Der Rest ist Geschichte.
Rulebreaker rebellieren nicht der Rebellion wegen. Sie haben ein Ziel vor Augen und fokussieren sich auf dessen Erreichung. Viele Menschen fürchten das Scheitern, sozialen Abstieg oder den Verlust von Anerkennung – Rulebreaker nicht. Sie sind frei und ausgestattet mit dieser Freiheit handeln sie. Es kommt sogar sehr häufig vor, dass sie nichts mehr zu verlieren haben. Auch das macht sie gefährlich, denn wer nichts mehr zu verlieren hat, kann alles machen.

Thomas Tuchel war der erste Fußballbundesliga-Trainer, der seine Mannschaft mit verschiedenen Spielsystemen hat spielen lassen. Der Profifußball wurde von einer Regel dominiert: »Spiel ein System und das ziemlich gut.« Tuchel sah das anders und brach die Regel. Nicht, weil er Lust dazu hatte. Dieser Regelbruch resultierte aus dem Gefühl der Unterlegenheit. Tuchel hielt seine Mannschaft für nicht konkurrenzfähig. Neue Spieler stellte ihm die Vereinsführung nicht zur Verfügung. Er hatte nichts zu verlieren, denn alles andere als der Abstieg in die zweite Liga wäre ein Wunder gewesen. Also suchte er in der Manier eines Rulebreakers nach etwas, das seine Mannschaft konkurrenzfähig machte. Er analysierte jeden Gegner und arbeitete dessen Spielsystem heraus. Dieses System ließ er von seiner Mannschaft spiegeln. Mit welchem System kann auf das gegnerische System am besten reagiert werden? Diese Frage stellte er sich – die Antwort ließ er von seiner Mannschaft auf dem Platz spielen. Damit kamen viele Gegner nicht zurecht.

Heute ist es im Profifußball völlig normal, dass Mannschaften mehrere verschiedene Systeme spielen. Teilweise wird das System während eines Spiels gewechselt, sollte es nicht Erfolg versprechend sein. Initiator war Thomas Tuchel, indem er alle geltenden Regeln brach hat. Er spielte die erfolgreichste Saison der Vereinsgeschichte und qualifizierte sich für das europäische Geschäft. Mit einer Mannschaft, die eigentlich nicht konkurrenzfähig war. Er hatte nichts zu verlieren und hat alles gewonnen – mit einem einfachen Regelbruch.

Das zeigt zugleich den nächsten fundamentalen Unterschied zwischen Rulebreakern und anderen Menschen: Rulebreaker lieben die Herausforderung. Gibt es Aufgaben, die als unlösbar gelten, sind sie zur Stelle. Sie ziehen solche Aufgaben schier magisch an. Es ist der innere Drang, das Unmögliche möglich zu machen. In solchen Situationen finden sie den Kick, den andere beim Fallschirmspringen oder Bungee-Jumping suchen. Sie fühlen sich in unsicheren Situationen wohl. Müssen Regelbrecher zwischen einem sicheren und unsicheren Weg entscheiden, wählen sie den unsicheren, angetrieben von dem Reiz des Außergewöhnlichen und des Risikos. Sie wollen wissen, ob sie in der Lage sind, etwas entgegen aller Meinungen und Wahrscheinlichkeiten zu schaffen. Liegt die Wahrscheinlichkeit zu einem Prozent auf Erfolg, sehen sie darin eine Herausforderung und bringen die Neugier und den Mut mit, derer es bedarf, um sich solchen Herausforderungen zu stellen. Das stellt einen der größten Unterschiede zu Menschen dar, die Regeln stets befolgen. Mit Risiko kann sich die Allgemeinheit nicht identifizieren.

Die Forschergruppe um Andreas Kuckertz, Christoph Mandl und Martin P. Allmendinger von der Universität Hohenheim hat sich näher mit der Kultur des Scheiterns in Deutschland befasst. Im Rahmen dieser Studie wurde eine repräsentative Umfrage über ein Online-Panel durchgeführt. Ohne großartig ins Detail gehen zu wollen, hier das Ergebnis: Wir Deutschen scheuen das Risiko! Rulebreaker suchen es.

Auch hierfür gibt es einen Grund: die Fähigkeit des rationalen Denkens. Rulebreaker sind in der Lage, out of the box zu denken. Sie sehen in vielen Situationen Chancen, wo viele andere eine Bedrohung sehen. Chancen, die außerhalb der Vorstellungskraft und des Horizonts vieler Menschen liegen, die in ihrer konvergenten Art zu denken gefangen sind.

Allerdings macht sie ihre Fähigkeit, anders zu denken, oftmals zu Einzelkämpfern. Das ergibt sich schon aus der Tatsache, dass sie Regeln brechen, während die Mehrheit sie befolgt. Wer aus der Reihe tanzt, wird von der Masse schnell ausgegrenzt. Deswegen verfügen Regelbrecher auch über die »Wadenbeißer-Mentalität«, die sich zwangsläufig aus dem Einzelkämpfer-Dasein ergibt. Aufgeben ist für sie nur selten eine Option, was auch auf ihre Leidensfähigkeit zurückzuführen ist. »Never give up« ist für sie kein Motto, sondern eine tief greifende Lebenseinstellung. Rückschläge sind in ihrer Welt kein Grund, etwas aufzugeben. Ganz im Gegenteil: Sie werden genutzt, um stärker und besser zu werden. Man muss sich von dem Gedanken frei machen, dass Rulebreaker mit ihren Regelbrüchen stets erfolgreich sind. Wir hören und lesen zwar immer nur von den erfolgreichen Geschichten, aber sie haben auch zahlreiche Misserfolge einzustecken. Oftmals übersteigen die Misserfolge sogar die Erfolge, was selbstredend ist. Wer viel und öfter ein Risiko eingeht, hat auch mehr Chancen zu scheitern. Das ist triviale Mathematik.

Apple-Gründer Steve Jobs wurde sogar aus seinem eigenen Unternehmen entlassen – auf Betreiben von John Sculley. Dabei hatte er selbst den ehemaligen Pepsi-Manager als Geschäftsführer in das Unternehmen geholt. 1983 stellte er ihn ein. Ein Jahr später brachte Apple den ersten Macintosh-Computer mit einer legendären Werbekampagne auf den Markt. Allerdings verkaufte sich der erste Computer mit dem Apfellogo nicht so wie erwartet. Apple musste das erste Mal in der Unternehmensgeschichte einen Quartalsverlust einstecken und war sogar gezwungen, Mitarbeiter zu entlassen. Es kam zu einem internen Machtkampf zwischen Jobs und Sculley, infolgedessen der Verwaltungsrat Steve Jobs rausschmiss. Und was machte er? Er gründete die Computerfirma NeXT als Konkurrenz zu Apple. Elf Jahre später übernahm Apple NeXT, Jobs kehrte zurück und entwickelte den ersten iMac, den iPod, das iPhone und das iPad. Unter der Ägide von Jobs wurde der Konzern zur wertvollsten Marke der Welt und veränderte mit seinen Produkten unser Leben.
Regelbrecher wie Steve Jobs, Elon Musk und Richard Branson folgen der Überzeugung, dass jede Niederlage in Wirklichkeit ein Gewinn ist. Das macht sie gleichzeitig zu positiven Menschen. Und dass, obwohl sie chronisch unzufrieden sind. Man kann den Eindruck gewinnen, dass sie sich über nichts freuen. Sie sind permanent unzufrieden und fühlen sich im Prinzip nie am Ziel angelangt. Haben sie ein Ziel erreicht, ist es für sie nichts Außergewöhnliches mehr. Immerhin hat

man den Erfolg schon seit vielen Jahren vor dem geistigen Auge gesehen – und noch zahlreiche weitere Dinge, die es zu erreichen gilt. Ihnen scheint ein andauernder Drang nach Veränderung innezuwohnen. Dieser Drang lässt sie unzufrieden erscheinen und genau so fühlen sie sich oft auch.

Von ihrem Umfeld werden sie daher oft als Griesgram bezeichnet. Diese Unzufriedenheit ist allerdings nicht mit einer negativen Grundeinstellung gleichzusetzen. Innerlich sind Rulebreaker äußerst positiv eingestellt. Ihre Unzufriedenheit kann als innerer Motor gesehen werden, der sie antreibt. Der Regelbruch an sich ist somit oftmals das Ergebnis innerer Unzufriedenheit.

13.

Rulebreaker und die kaltschnäuzige Chancenintelligenz

Im Wald geht das Gerücht herum, dass der Bär eine Todesliste hat. Alle Tiere haben Angst, auf dieser Liste zu stehen. Als Erstes geht der Hirsch zum Bären und fragt ihn: »Bär, hast du eine Todesliste?« »Ja, und du stehst auch drauf!«, antwortet der Bär. Zwei Tage später ist der Hirsch tot. Als Nächstes geht das Wildschwein zum Bären. Gleiche Frage, gleiche Antwort. Zwei Tage später ist das Wildschwein tot. Dann geht der Hase zum Bären und fragt ihn: »Bär, hast du eine Todesliste?« Und der Bär antwortet: »Ja, und du stehst auch drauf!« Fragt der Hase: »Kannst du mich bitte streichen?« Sagt der Bär: »Kein Problem.«

Als Rulebreaker besitzt der Hase eine ganz besondere Fähigkeit: Chancenintelligenz. Menschen, die chancenintelligent sind, haben nicht nur den Blick für Chancen, sie erkennen und nutzen sie auch. Zudem besitzen sie die Fähigkeit, sich Chancen aktiv zu erarbeiten.

Der Hase hat eine Chance ergriffen, die viele andere nicht sehen. Für solche Gelegenheiten haben Regelbrecher ein Gespür. Ihr Denken und Handeln entgegen den normalen Gewohnheiten beschert ihnen zahlreiche Chancen, nach denen sich andere sehnen, die sie aber niemals bekommen werden.

Rulebreakern wird, aufgrund ihrer zahlreichen Chancen, häufig Glück nachgesagt. Das macht es für viele Menschen sehr einfach, denn sie können sich in dem Glauben zurücklehnen, dass sie einfach kein Glück im Leben gehabt haben. Am Ende ist das nicht mehr als eine Ausrede, die gesellschaftlich tatsächlich akzeptiert ist. Chancen haben wir alle unendlich viele. Manche müssen wir uns erarbeiten und manche fallen zufällig vom Himmel. Der Unterschied ist: Rulebreaker sind bereit für den Zufall. Es kommt nicht selten vor, dass sie ein Aha-Erlebnis oder einen Geistesblitz haben. Diese Tatsache an sich ist nichts Besonderes, denn die meisten Menschen haben spontane Einfälle. Aber Regelbrecher verarbeiten sie besser. Sie machen einfach öfter etwas aus Gelegenheiten.

Als Reed Hastings sich mit dem CEO von Blockbuster traf, hatte der damalige Marktführer alle Trümpfe in der Hand. Es wäre rückblickend eine Kleinigkeit gewesen, Netflix in die Tasche zu stecken. Aber man war nicht bereit, den Preis von fünfzig Millionen Dollar zu bezahlen. Acht Jahre lang war Blockbuster insolvent und Netflix legte eine beeindruckende Erfolgsgeschichte hin. Das Pech des einen ist das Glück des anderen, wird so schön gesagt. Diese Aussage ist nicht mehr als eine Floskel ohne Wahrheitsgehalt. In Wirklichkeit kommt immer wieder Chancenintelligenz zum Tragen. Blockbuster hatte die einmalige Chance, Netflix zu übernehmen – und man hat sie verstreichen lassen. Man sah die daraus resultierenden Möglichkeiten nicht. Blockbuster wurde durch Zufall eine Chance auf dem Silbertablett serviert, aber man hatte andere Pläne und erkannte sie nicht.

Planung ist ein Erzfeind von Chancen. Heutzutage wird so gut wie alles durchgeplant, sogar das eigene Leben. Damit wird versucht, krampfhaft die Kontrolle über sein Leben zu haben. Wir geben uns gar keinen Raum mehr für Zufälle. Genau deswegen werden ja Pläne geschmiedet: Wir wollen nichts dem Zufall überlassen. Zufall bedeutet Risiko und das wollen wir bekanntermaßen nicht eingehen. Vielmehr wird Sicherheit angestrebt – und was gibt einem mehr Sicherheit als ein gut durchdachter Plan?

Ich doziere seit vielen Jahren an Hochschulen und Akademien. Kurz vor Studienschluss frage ich meine Studierenden gerne, wie es für sie im Leben weitergeht. Viele haben nicht nur die nächsten Monate, sondern ihr ganzes Leben komplett durchgeplant. Ob der zukünftige Arbeitgeber, das monatliche Gehalt oder das Alter für die Familienplanung – es gibt scheinbar einen detaillierten Plan. Solche Pläne sind aber nicht mehr als Regeln, nach denen man sein Leben ausrichtet. Meist sind es die Regeln von anderen.
Ich frage mich dann immer, woher ein zwanzigjähriger Mensch so genau wissen kann, ob Heirat und Kinder für ihn der passende Lebensweg sind. Die meisten jungen Menschen haben dafür noch nicht einmal den richtigen Lebenspartner gefunden. Jenseits des Privaten sieht es ganz ähnlich aus: Woher wissen Menschen ohne Berufserfahrung, in welchen Branchen sie ihr Geld verdienen möchten oder welcher Arbeitgeber am besten zu ihnen passt, besonders bei den unzähligen Möglichkeiten der heutigen Zeit?

Ich sage nicht, dass Pläne schlecht sind – das sind sie nicht. Pläne sind selten das Problem. Das Problem sind die Menschen, die nichts mehr ohne Pläne machen können. Ist dir schon einmal aufgefallen, dass die Standard-Antwort auf das Ungewisse »Wir brauchen einen Plan« ist?

Damit wollen wir uns Gewissheit verschaffen, nicht urplötzlich mit unvorhergesehenen Dingen konfrontiert zu werden, sodass wir nicht wissen, was zu tun ist. Dabei vergessen wir nur einen entscheidenden Punkt: Es gibt keine Gewissheit, außer dass das Leben nicht nach Plan funktioniert. Wir können alles durchplanen, aber es kommt immer anders, als wir denken. John Lennon bringt es treffend auf den Punkt: »Leben ist das, was passiert, während du damit beschäftigt bist, andere Pläne zu machen.«

Es ist eine Regel, die sich im Leben sehr häufig bewahrheitet. Festgelegte Lebenspläne sind gleichbedeutend mit einer Checkliste. Hat man etwas erreicht, wird ein Haken daran gemacht und es wird der nächste Punkt forciert. Damit berauben wir uns jeglicher Flexibilität, Chancen überhaupt wahrzunehmen. Es wird etwas definiert, von dem man glaubt, dass es gut für einen ist, ohne es tatsächlich zu wissen. Es werden in der Gegenwart Verhaltensregeln für die Zukunft aufgestellt. Nur was, wenn es sich nicht so entwickelt wie erwünscht?

Pläne werden basierend auf gegenwärtigen Fakten und Rahmenbedingungen geschmiedet. Die eigene Entwicklung wird dabei oftmals unberücksichtigt gelassen. Gemachte Erfahrungen ändern die Lebenseinstellung und manche Dinge im Leben ergeben sich einfach. Das überhaupt macht das Leben erst lebenswert und zu einem Abenteuer. Wie langweilig wäre es, wenn wir mit zwanzig Jahren schon wüssten, wie unser Leben verläuft.

Ich werde häufig gefragt, wie ich Keynote Speaker geworden bin. Es ist einfach passiert. Ich hatte nicht mit zwanzig oder dreißig Jahren den Plan, irgendwann auf einer Bühne zu stehen und Menschen zu inspirieren. Es hat sich nach und nach durch ergriffene Chancen ergeben. Diesen Chancen habe ich es zu verdanken, dass ich etwas gefunden habe, was mich aus tiefstem Herzen erfüllt. Der Zufall spielte hierbei überhaupt keine Rolle, wohl aber die Chancenintelligenz. Wann immer für mich etwas von Interesse war oder ich Dinge spannend fand, habe ich sie gemacht – was ich heute noch so praktiziere. Ich bin immer offen für Neues. Dieser Einstellung und der sich daraus ergebenden Chancenintelligenz habe ich es zum Beispiel zu verdanken, dass ich Buchautor bin.

In den Anfängen meiner Selbstständigkeit nahm ich verschiedene Freelancer-Jobs an, um Geld zu verdienen. Einer führte mich nach Frechen zu Richard, der ein kleines PR-Büro führte. Als ich am ersten Tag bei ihm war, erzählte er einige Details über sich und zeigte mir sein kürzlich veröffentlichtes Anwenderbuch. Richard sagte mir, dass er gerne schreibt und für das Buch ein Autorenhonorar von dreitausend Euro erhalten hat. Das Honorar ließ mich hellhörig werden: Ich schrieb auch gerne und konnte das Geld gut gebrauchen. Wäre das was für mich? Ich fragte ihn nach einem signierten Buch – ich hatte nicht vor, es zu lesen, ich wollte die Kontaktdaten des Verlags, die in der Regel im Impressum zu finden sind.

Am selben Abend noch kontaktierte ich den Verlag und acht Monate später veröffentlichte ich mein erstes Buch. Interessiert hatte mich damals tatsächlich nur das Autorenhonorar. Als ich Jahre später wirklich ernsthafte Absichten als Autor hatte, profitierte ich aber von der Veröffentlichung. Auf den ersten Blick war es eine Chance, die sich aus einem Zufall heraus ergeben hat. In Wirklichkeit habe ich mir die Chance hart erarbeitet. Die Anfänge meiner Selbstständigkeit waren auch nicht einfach und geprägt von Existenzängsten. Ich suchte krampfhaft nach Möglichkeiten,um mich zu finanzieren, und nach freiberuflichen Nebenjobs, denen ich neben meiner eigentlichen Arbeit nachging. Diese Chance war das Resultat harter Arbeit. Gleichzeitig kam mir meine Flexibilität immer wieder zugute: Hätte ich alles durchgeplant, hätte ich auch die Chancen für dieses Buch nie gesehen. Planung ist wichtig, nur darf nicht der Fehler gemacht werden, Pläne mit der Realität zu verwechseln. Wer zu viel plant und sich darauf versteift, verpasst Chancen. Und niemand weiß, wo ihn solche Chancen im Leben hinbringen könnten.

Mit Richard blieb ich viele Jahre in Kontakt. Als ich meine Dozententätigkeit reduzierte, fragte mich die Akademieleitung, ob ich einen Nachfolger empfehlen kann. Mir fiel Richard ein. Ich gab seine Kontaktdaten gerne weiter und er begann mit zwei Unterrichtsstunden pro Woche. Es war Neuland für ihn und er wollte es einmal ausprobieren. Mittlerweile arbeitet er als Vollzeit-Dozent und hat seine PR-Agentur aufgegeben. Auch er hat seine wirkliche Leidenschaft gefunden, seiner Chancenintelligenz sei Dank.

Chancen sind unser ständiger Begleiter. Wer allerdings mit seinen Plänen beschäftigt ist, ist nicht offen für diese Begleitung. Selbst wenn man offen wäre, würde der Fokus auf die falsche Zeitzone das Erkennen und Nutzen von Chancen verhindern.

Rulebreaker sind auf das Hier und Jetzt, auf den Moment fokussiert. Viele Menschen hingegen leben gedanklich entweder in der Vergangenheit oder der Zukunft. Das führt dazu, dass wunderbare Momente und einzigartige Chancen ungenutzt bleiben. Es wird zu häufig an das gedacht, was gestern war, heute hätte sein können und dementsprechend morgen niemals sein wird.

»Ich hätte heute Morgen im Meeting anders reagieren müssen ...«
»Wenn ich nur etwas mehr Glück gehabt hätte, wäre ich jetzt ganz woanders ...«
»Ich muss heute Abend unbedingt noch einen Termin für morgen vorbereiten ...«
»Nächste Woche habe ich ein wichtiges Meeting, ich bin ja jetzt schon nervös ...«

Wir sind doch permanent nur mit unserer Vergangenheit oder unserer Zukunft beschäftigt. Nicht nur das: Wir nehmen unsere Vergangenheit als Maßstab für unsere Zukunft. Viel schlimmer noch: Viele Menschen nehmen ihre Vergangenheit als Rechtfertigung, keine Zukunft zu haben.

Jeder möchte im Leben erfolgreich sein, im Kleinen wie im Großen. Und was wird gemacht?
Man betrachtet die eigenen Ziele, fragt aber zu selten: »Wie komme ich dahin?« Stattdessen wird gefragt: »Wo komme ich her?« Das gilt für die persönliche und unternehmerische Ebene gleichermaßen. Unternehmen nehmen die Kundenzahlen oder Gewinnzahlen der Vergangenheit als Maßstab für die Zukunft. Bei uns Menschen sind es dann die Erfolge oder Misserfolge und die persönliche Entwicklung der letzten Jahre. Das ist nicht schlecht, nur ist es langweilig. Rulebreaker kennen die Entwicklung der Vergangenheit, aber sie hat keinen Einfluss auf den zukünftigen Weg. Die Vergangenheit wird zur Kenntnis genommen und akzeptiert, mehr nicht. Für sie hat es keine Bedeutung, was gestern war. Sie wissen, dass es nur zwei Tage im Jahr gibt, an denen man nichts machen kann: Der eine ist gestern, der andere morgen. Das Einzige, was wirklich zählt im Leben, ist das Hier und Jetzt. Dieser Moment.
Dieser Moment ist alles, was wir gerade in unserem Leben haben.
Dieser Moment ist alles, was gerade in unserem Leben zählt.
Denn dieser Moment entscheidet über unsere Zukunft.

Manchmal braucht es nur eine einzige Begegnung, eine einzige Person, einen einzigen Impuls, einen einzigen Moment, der das ganze Leben verändert. Leider verpassen viele Menschen diesen Moment. Schlechte Erfahrungen, Misserfolge aus der Vergangenheit oder Zukunftsängste dürfen nicht der Grund dafür sein, etwas nicht zu machen. Wer so vorgeht, verpasst das Leben, inklusive der zahlreichen Chancen, die es uns tagtäglich bietet.

Das gilt ganz besonders für die unzähligen Zukunftsfloskeln unserer Gesellschaft: »Wenn ich in Rente bin, habe ich noch genug Zeit, zu reisen und das Leben zu genießen.« Sind wir dann in Rente, machen wir nichts davon und finden die Bestätigung durch Aussagen wie: »Jetzt bin ich zu alt dafür.« Wer auf den perfekten oder den richtigen Zeitpunkt wartet, wird ihn verpassen, denn er wird nie kommen. Wenn die Zeit kommt, in der man könnte, ist die vorüber, in der man kann.
Es können immer Gründe gefunden werden, warum jetzt nicht der richtige Zeitpunkt für ein Vorhaben ist. Letztlich sind das nur Ausreden. Der richtige Zeitpunkt ist immer jetzt. Das meine ich, wenn ich sage, dass Rulebreaker rücksichtslos gegenüber den Umständen sind.

Wir müssen uns von der Regel »Die Vergangenheit ist der Maßstab für unsere Zukunft« lösen. Denn das ist sie nicht. Jeder Mensch hat eine Vergangenheit. Sie ist ein Teil eines jeden und macht einen zu dem Menschen, der man heute ist. Das bedeutet aber nicht, dass man das nicht ändern kann. Eine negative Vergangenheit ist nicht gleichbedeutend mit einer negativen Zukunft. Wer nach dieser Regel lebt, fokussiert sich auf die selbsterfüllende Prophezeiung, unglücklich zu sein.
Jeder Tag ist eine Chance. Uns werden häufig Chancen auf dem Silbertablett serviert, sodass wir nur noch zugreifen müssen – nur müssen wir sie auch sehen. Chancenintelligenz, gepaart mit Flexibilität bei den eigenen Plänen, lässt uns diese Chancen nutzen – wenn wir im Hier und Jetzt leben.

14.
Mit diesen Micro Habits kommst du voran – Regelbruch für Anfänger

So inspirierend die Geschichten von Rulebreakern auch sind: Es muss nicht gleich die ganze Welt verändert werden. Jeder kann ein Rulebreaker werden und seine eigene Welt verändern, nämlich sein Leben. Dabei muss nicht von heute auf morgen mit allen Regeln gebrochen werden. Mit Regelbrüchen ist es wie mit Veränderungen: Sie beginnen im Kleinen. Auch den besten Rulebreakern gelingt es nicht, von jetzt auf gleich die Welt zu verändern. Regelbruch ist ein Prozess, der sich aus vielen kleinen Schritten ergibt. Wir überschätzen zu oft, was wir an einem Tag erreichen können, und unterschätzen, was wir in einem Jahr erreichen können.
Die großartigsten Ergebnisse ergeben sich aus vielen kleinen Schritten. Es ist auch keineswegs zielführend, »einfach so« Regeln zu brechen. Regelbruch ist ein strategisches Mittel, um Veränderungen herbeizuführen. Wer dieses Mittel einsetzten möchte, benötigt gewisse Grundvoraussetzungen, die ich Micro Habits nenne. Es sind essenzielle Basics, ohne die das Konzept Regelbruch nicht funktioniert.

Aber bedenke: Nicht ein einzelnes Micro Habit ist entscheidend für den Regelbruch – es ist die Summe aus allen.

Micro Habit #1: Kreiere eine Vision und schreibe sie auf

Rulebreaker haben eine klare Vision vor Augen. Sie wissen, wie ihr Wunschleben auszusehen hat und was sie erreichen wollen. Diese Vision zu realisieren, hat für sie oberste Priorität. Sie sind regelrecht besessen davon und setzen alles daran, sie zu verwirklichen. Diese Besessenheit ist gleichzeitig Inkubator für den Regelbruch. Man ist sich über die Notwendigkeit des Regelbruchs bewusst und der festen Überzeugung, sich dadurch seiner Vision zu nähern.

Welche Teilziele sind nötig, um meine Vision Realität werden zu lassen? Dieser Frage gehen Rulebreaker nach. Die Antworten ergeben Ziele, die es stückweise zu erreichen gilt, um die Vision zu realisieren. Dabei können sich Vision und Ziele stets ändern oder müssen angepasst werden. Wichtig ist: Ohne Ziele ist eine Vision nichts wert. Sie sind der Weg, die Vision Realität werden zu lassen. Überhaupt sind wir Menschen ohne Ziele nicht handlungsfähig.

Was ist deine Vision?
Wie sieht dein Traumleben aus?
Welche Ziele ergeben sich daraus?

Diese Fragen solltest du dir beantworten. Hast du die Antworten gefunden: Schreibe sie auf. Wer meint, seine Ziele zu kennen, sie aber nicht aufgeschrieben hat, hat keine Ziele. Unser Gehirn kann nur Inhalte verarbeiten, die wir hören oder sehen. So oft hat man Ideen im Kopf und kann sich ein paar Stunden später nicht mehr an sie erinnern – es wurde versäumt, sie aufzuschreiben. Deswegen werden auch Einkaufszettel geschrieben. Bedenke: Wenn wir uns noch nicht einmal merken können, was wir in der nächsten halben Stunde im Supermarkt einkaufen wollen, wie wollen wir uns dann merken, was wir in unserem Leben erreichen wollen? Daher lautet der erste Micro Habit: Habe eine Vision, habe Ziele und – vor allem – schreibe sie auf, damit der Fokus nicht verloren geht.

Micro Habit #2: Glaube an dich und deine Fähigkeiten

Wer Regeln bricht, braucht Selbstvertrauen. Ohne Selbstvertrauen wird nur der Herde hinterhergelaufen. Glaubt man nicht an sich und seine Fähigkeiten, verlässt man sich auf die Fähigkeiten anderer, denen man dann wiederum folgt.

Die Reise »Rulebreaking« ist von dem Ungewissen geprägt. Fehlender Glaube an sich selbst lässt einen auf verlorenem Posten stehen. Viele Menschen scheitern nicht an mangelndem Talent, sondern an mangelndem Glauben an sich selbst. Wer allerdings der festen Überzeugung ist, etwas schaffen zu können, der ist eher bereit, aus der Masse hervorzutreten, eigene Wege zu gehen und anders zu handeln als die Mehrheit.

Wer es wagt, sich dem Herdentrieb zu entziehen, muss mit skeptischen Blicken und Äußerungen rechnen. Auch Ausgrenzung und Verstoß sind möglich. Erinnere dich: Rulebreaker sind Einzelkämpfer. Wer wenig Unterstützung erhält, benötigt umso mehr Selbstvertrauen. Regelbrecher sind überzeugt von sich und ihren Fähigkeiten und ignorieren die Neinsager und kritischen Stimmen, die rechts und links neben ihnen stehen. Selbstvertrauen ist nicht abhängig

von der Meinung anderer, vielmehr kommt es aus unserem Inneren. Selbstbewusst zu sein bedeutet, so wenig wie möglich von der Meinung anderer abhängig zu sein.
Arbeite an deinem Selbstvertrauen und dir wird es zunehmend leichterfallen, deinen eigenen Weg zu gehen und dich von der Herde zu lösen.

Micro Habit #3: Führe ein selbstbestimmtes Leben

Ein gesundes Selbstvertrauen legt den Grundstein für ein selbstbestimmtes Leben. Rulebreaker lassen sich von außen nicht sagen, was gut für sie ist und was sie im Leben zu tun haben. Das ermöglicht es ihnen, Regeln zu brechen, die viele andere befolgen. Sie haben ihre eigene Sicht auf die Dinge. Gleichzeitig ist das einer der Hauptgründe, warum in unserer Gesellschaft Regeln von der Mehrheit befolgt werden: Der Großteil führt ein fremdbestimmtes Leben.

Eltern, Freunde, aber auch die Gesellschaft geben Normen und Erwartungen vor, die es zu erfüllen gilt. Werden sie nicht erfüllt, ist man gescheitert oder zumindest auf bestem Wege dorthin. Warum sind viele Menschen so unglücklich in ihrem Leben?
Sie verbiegen sich, um in ein künstlich erzeugtes Gesellschaftsbild zu passen, das mehr Schein als Sein besitzt. Es wird versucht, der Gesellschaft zu gefallen, mehr nicht.

Du darfst dir guten Gewissens ins Gedächtnis rufen, dass das, was andere über dich denken, nichts mit dir zu tun hat, sondern einzig damit, wie andere Menschen denken und wie für sie die Welt zu funk-

tionieren hat. Du lebst aber nicht, um in das Weltbild anderer hineinzupassen. Niemand von uns tut das.
Wer danach strebt, immerzu dem Bild zu entsprechen, von dem man glaubt, dass es anderen gefällt, läuft Gefahr, nur noch zu reagieren, um anderen zu gefallen.

Jeder Einzelne muss sich selbst auf die Reise begeben und nach etwas suchen, wonach es sich im Leben zu streben lohnt, wofür es sich lohnt, Regeln zu brechen. Eine Reise, die viele Menschen nicht antreten wollen. Es ist einfacher, auf der Reise des Lebens nur Passagier zu sein und dahin zu gehen, wo der Pilot hinfliegt. Die wenigsten sind bereit, selbst das Steuer zu übernehmen und sich in das Cockpit des Lebens zu setzen – so wie Rulebreaker.

Micro Habit #4: Erlaube dir, Fehler zu machen, und analysiere sie

Nachhaltiger Regelbruch funktioniert nur, wenn Fehler erlaubt sind. Wer Regeln bricht, bewegt sich auf ungewohntem Terrain. Das Risiko, hier Fehler zu machen, ist stark erhöht. Rulebreaker sind sich dessen bewusst und räumen sich eine Fehlertoleranz ein. Das ermöglicht ihnen, ohne Angst vor Fehlern zu agieren. Das ist nicht gleichbedeutend damit, dass sie keine Fehler machen – die machen sie –, aber sie gehen anders damit um und haben eine differenzierte Art, sie zu bewerten.
Werden Fehler ignoriert oder sprichwörtlich unter den Teppich gekehrt, nehmen wir uns jegliche Form langfristigen Erfolgs. Stattdessen müssen wir uns fragen:

Was habe ich falsch gemacht?
Welche Fähigkeiten benötige ich, dass sich diese Fehler nicht wiederholen?
Wer nach Antworten sucht, analysiert – ein wichtiger Schritt, denn ohne Fehleranalyse keine Verbesserung.

Durch den gesellschaftlichen Erfolgsdruck wird zu sehr unterschätzt, wie hoch das Lernpotenzial aus eigens gemachten Fehlern ist. Die gesellschaftliche Regel Nummer eins »Du darfst keine Fehler machen« muss gebrochen werden. Sie ist falsch und richtet großen Schaden an.

Reed Hastings gelang es mit Netflix nur, ein erfolgreiches Imperium aufzubauen, weil er seine Fehler mit Pure Software erkannte, analysierte und die daraus resultierenden Verbesserungen umsetzte.

Micro Habit #5: Schätze den Misserfolg

Regeln geben Sicherheit. Und Sicherheit bedeutet selten Misserfolg. Niederlagen, Rückschläge und der Misserfolg sind in unserer Gesellschaft ein Zeichen der Schwäche. Sie genießen den Ruf, etwas Schlimmes zu sein, was keinesfalls passieren darf. Dem wollen sich viele Menschen gar nicht erst gegenüberstellen, zu groß ist die Angst davor, zu scheitern.

Rulebreaker sehen im Misserfolg weder eine Bedrohung noch eine Schwäche: Er ist eine Chance. Versuch und Irrtum sind die stärksten Werkzeuge, die uns im Leben zur Verfügung stehen. Leider lassen wir diese Werkzeuge zu oft ungenutzt. Misserfolg ist nicht das Gegenteil von Erfolg, er ist ein wichtiger Teil davon. Misserfolg gehört zum Erfolg wie die Luft zum Atmen. Vielmehr noch, Misserfolg macht Erfolg überhaupt erst möglich.

Gescheitert zu sein, ist keine Bestätigung, ein Vorhaben aufzugeben. Es ist Ansporn und Extramotivation, weiterzumachen. Denke daran: Steve Jobs wurde aus seinem eigenen Unternehmen rausgeschmissen, bevor er Jahre später wieder zurückgekehrt ist und Apple zur wertvollsten Marke der Welt gemacht hat.

Schätze den Misserfolg! Gehst du richtig damit um, wird er dich zum Erfolg führen – auch beim Regelbruch.

Micro Habit #6: Gehe Konfrontationen nicht aus dem Weg

Regelbrecher suchen nicht krampfhaft die Konfrontation. Aber sie gehen ihr auch nicht aus dem Weg. Darin findet sich ein großer Unterschied zu vielen Menschen. Wir sind mittlerweile Künstler im Beschönigen von Dingen, nur damit wir unsere Ruhe haben oder den Weg des geringsten Widerstands gehen können. Viele Meetings könnten um ein Vielfaches produktiver sein, würden die Teilnehmer klare Kante beziehen – im Privatleben das Gleiche.

Was fehlt, ist der Mut, das Gegenüber mit der Wahrheit zu konfrontieren. Natürlich möchte es diese nicht immer hören, weil sie oftmals unangenehm ist. Nur ist Schweigen nicht zielführend – Diskutieren schon.

Suche die Konfrontation, wenn es nötig sein sollte. Sei nicht verlegen darum, das zu sagen, was du denkst. Zu allem »Ja und Amen« zu sagen, führt zu Stillstand oder Rückschritt, aber niemals zu Fortschritt.
Es bringt niemanden weiter, Unannehmlichkeiten aus dem Weg zu gehen. Besonders dann nicht, wenn man sich ungerecht behandelt fühlt. Dagegen muss aktiv vorgegangen werden.
Jeden von uns, auch Rulebreaker, kostet es Überwindung, Stellung zu beziehen und seinem Gegenüber Grenzen zu setzen. Mit etwas Mut kann uns das aber gelingen.

Micro Habit #7: Höre dir Experten an, aber vergöttere sie nicht

Roger Bannister hat alle Expertenmeinungen ignoriert und ist als erster Mensch eine Meile unter vier Minuten gelaufen. Was als unmöglich galt, hat er möglich gemacht. Hätte er die von Experten gesetzten Grenzen akzeptiert, hätte er sie niemals sprengen können.

Höre dir den Rat ausgewiesener Experten an, aber hinterfrage stets:
»Ist das wirklich so?«
»Was macht den Experten zum Experten?«
»Gibt es Beweise für seine Meinung?«

Wir lassen uns zu oft von Experten ausbremsen, indem wir uns von ihnen limitieren lassen. Das gilt nicht nur für ausgewiesene Fachexperten, sondern auch für unser Umfeld. Nur allzu oft werden die Meinungen von Menschen mit mehr Lebenserfahrung übernommen und manifestiert. Das gilt besonders dann, wenn andere das, was wir

erreichen wollen, schon erreicht haben. Ganz oft sehen wir in ihnen Vorbilder und machen blindlings das, was sie uns sagen.
Besonders in den sozialen Netzwerken sind zahlreiche »Möchtegern-Experten« zu finden, die sich einer großen Community erfreuen und ihre Glaubenssätze teilen. Ein kritischer Blick kann hier sehr hilfreich sein.

Ich sage nicht, dass Expertenratschläge ignoriert werden sollen. Echte Experten haben sich ihren Expertenstatus verdient und haben dadurch ein fundiertes Wissen. Wer allerdings anderer Meinung ist und gute Argumente dafür hat, sollte stets hinterfragen. Auch Experten kennen die Zukunft nicht, auch Experten sind nur Menschen und können irren.

15.

Resilienz – die Sicherheit für das Wagnis Regelbruch

Es ist der 29. Mai 2021. Erfolgstrainer Pep Guardiola steht mit Manchester City gegen den FC Chelsea im Finale der UEFA Champions League. Es ist das erste Champions-League-Finale für Guardiola seit zehn Jahren. Manchester City gilt als die beste Mannschaft der Saison, mit einem kleinen Schönheitsfehler: Man hatte in der heimischen Premier League zweimal gegen den FC Chelsea verloren.

Guardiola gilt als großer Denker des Fußballs. Kaum ein anderer Trainer verfügt über so viele Ideen und so ein Wissen wie er. Manchmal will er einfach etwas Besonderes machen. So auch im Finale der Champions League. Guardiola setzte seine defensiven Mittelfeldspieler auf die Bank. Genau diejenigen, die als Herzstück der Mannschaft galten. Besonders Rodrigo Cascante, der in der Saison dreiundfünfzig Spiele absolviert und größtenteils überragende Leistungen gebracht hat. Er nahm das Fundament des Erfolgs für das Finale raus und so brach die Statik der Mannschaft zusammen. »Never change a winnig team«, mit dieser Regel hat Guardiola gebrochen. Das Ergebnis ist bekannt: Ein schlechtes Spiel von Manchester City und der Champions-League-Sieg für den FC Chelsea. Guardiola war der Depp des europäischen Fußballs. Von der Weltpresse wurde er nach dem Finale förmlich zerrissen.

Guardiola hat die Regeln gebrochen. Nicht aus Spaß an der Freude. Er sah sich dazu gezwungen, immerhin hat er mit seiner Übermannschaft zweimal hintereinander gegen den FC Chelsea verloren. Eine dritte Niederlage wollte er im Champions-League-Finale verhindern. Also hat er etwas riskiert. Er wollte dieses Spiel anders spielen. Am Ende hat er sich verzockt.

Was hätte wohl die Weltpresse gesagt, hätte Guardiola mit Manchester gewonnen?
Er wäre als Taktik-Genie gefeiert worden. Allein hier ist zu sehen, wie nahe Erfolg und Misserfolg beim Regelbruch beisammenliegen.

Diese Geschichte lehrt eine wichtige Lektion, die oft vergessen wird: Zu scheitern ist Teil des Spiels. Nicht nur Teil eines Fußballspiels, sondern Teil des Lebens. Auch Rulebreaker werden davon nicht verschont. Solange der Regelbruch erfolgreich ist, wird man bewundert. Bleibt der Erfolg allerdings aus, ist man der Idiot. Dann heißt es: »Schau dir mal den an, er musste ja unbedingt alles anders machen. Das hat er jetzt davon.« Solche Äußerungen liegen in der Natur der Sache. Ein Rulebreaker passt nicht in das gesellschaftliche Vorzeigebild. Macht er etwas anderes als erwartet, ist er selbst schuld, sollte er scheitern. So geschehen mit Pep Guardiola, der nach dem verlorenen Finale ganz besonders eines brauchte: Resilienz.

Resilienz beschreibt die Fähigkeit, persönliche Krisen, Schicksalsschläge, Verluste, aber auch Niederlagen erfolgreich zu meistern. »Erfolgreich meistern« bedeutet, kritische Situationen zu überstehen, ohne langfristige Schäden davonzutragen oder sich selbst aufzugeben. Resiliente Menschen sind davon überzeugt, für alle Krisen und Herausforderungen gewappnet zu sein, die das Leben für sie bereithält. Sie wissen, dass sie Wege und Möglichkeiten finden werden, diese Phasen zu überstehen und sogar gestärkt aus ihnen hervorzugehen.

Rulebreaker besitzen diese Resilienz. Sie bringen ein hohes Maß innerer Widerstandsfähigkeit mit. Für den Regelbruch ist das elementar. Ohne Resilienz ist Regelbruch nicht möglich, zumindest nicht mehr als einmal. Erfolgreiche Regelbrecher sind der Star. Sind sie es nicht, sind sie der Idiot. Genau dann bedarf es Fähigkeiten, mit dieser Rolle umzugehen. Rulebreaker stecken den Kopf nicht in den Sand, nur weil sie mal mit einem Regelbruch gescheitert sind. Sie sehen in dem Scheitern auch kein Hindernis für weitere Versuche. Auch gibt es kein Hadern mit getroffenen Entscheidungen. Genauso wenig stellen sie sich die berühmte »Was wäre gewesen, wenn«-Frage. Sie stehen zu ihren Entscheidungen, ohne zu bereuen. »Ich habe mit meiner Aufstellung das Beste versucht«, so Guardiola nach dem verlorenen Champions-League-Finale.

War es richtig, die Mannschaft so zu verändern?
War es richtig, die Regel »Never change a winning team« zu brechen?

Rulebreaker stellen sich diese Fragen nicht, denn es gibt keine Antworten. Niemand kann uns die Garantie aussprechen, dass unsere Entscheidungen richtig sind. Vielmehr muss man sich von der Illusion befreien, dass es nur eine richtige Entscheidung gibt. Keiner kann wissen, was gewesen wäre, hätte man andere Entscheidungen getroffen. Dafür müsste man in die Vergangenheit reisen und die gleiche Situation unter den gleichen Bedingungen, mit dem gleichen Wissen und einer anderen Entscheidung erneut durchleben. Nur dann wären ein Vergleich und eine Bewertung möglich.

Getroffene Entscheidungen zu bereuen, ist ein weitverbreitetes Phänomen in unserer Gesellschaft. »Wenn ich nur anders reagiert hätte, wäre jetzt alles besser.« Diese Denkweise ist fehlerhaft, denn sie berücksichtigt nur den Best Case, der in der Realität nur selten eintritt. Auch ich habe mich nach meinem geplatzten Traum vom Tennisprofi mit Gedanken der Idealisierung auseinandergesetzt. »Wenn ich keine Schulterverletzung gehabt hätte, wäre ich Tennisprofi geworden« – am Ende musste ich mir eingestehen, dass diese Gedanken sinnlos sind. Auch ohne Verletzung hätte es Hürden gegeben. Es gibt so viele Dinge, die auf unserem Weg passieren können. Alles Dinge, die bei der »Was wäre, wenn«-Frage unberücksichtigt bleiben.

Wie schaffen es Rulebreaker, mit getroffenen Entscheidungen nicht zu hadern? Sie rufen sich ins Gedächtnis, dass es für einen Moment genau das war, was sie wollten. Deswegen haben sie ihre Entscheidung ja getroffen.
Die wahre Stärke eines Rulebreakers ist eine Eigenschaft, die sich viele selbstständige und erfolgreiche Menschen angeeignet haben. Ich spreche von innerer Widerstandsfähigkeit oder Resilienz. Damit meine ich die Fähigkeit, auch in widrigen Situationen immer wieder

aufzustehen und nicht zu verzweifeln. Gerne wird dann gesagt, der- oder diejenige sei einfach so, und es klingt so, als ob es Glück wäre, ob ein Mensch eine hohe oder niedrige Resilienz hat. Die Forschung zeichnet auch hier ein anderes Bild: Die wahre innere Stärke resilienter Menschen basiert auf den sieben Säulen, den sogenannten Resilienzfaktoren. Mit diesen Resilienzfaktoren wird aber niemand geboren, es ist vielmehr ein persönlicher, individueller Prozess, sich diese zu erarbeiten. Das bedeutet gleichzeitig, dass Resilienz erlernbar ist. Sie ist nicht mehr als eine Fähigkeit, die jeder entwickeln kann. Wer an den sieben Säulen seiner Resilienz arbeitet, steigert automatisch die innere Widerstandskraft und wird zunehmend leichter durchs Leben gehen. Es lohnt sich also, einen Blick auf diese Säulen (Mourlane 2012) zu werfen.

Säule #1: Optimismus

Resiliente Menschen sind optimistisch und haben eine positive Sicht sowie ein positives Selbstkonzept. Das bedeutet, dass sie in schwierigen Situationen immer nach dem Guten suchen. Enttäuschungen werden nicht als solche wahrgenommen, sondern als nützliche Erfahrungen verbucht. Es gibt kein Selbstmitleid und kein Versinken in einem Strudel aus Negativität. »Ich möchte festhalten, dass es trotzdem eine herausragende Saison für uns war«, so Pep Guardiola nach dem verlorenen Champions-League-Finale. Selbst in der bittersten Niederlage besann er sich auf das Positive.

Als die beiden Co-Founder von Netflix mit Verlusten in Höhe von siebenundfünfzig Millionen Dollar dastanden und Blockbuster eine Übernahme ablehnte, fokussierten sie sich dennoch auf das Positive und blieben optimistisch. Sie haben sich nicht entmutigen lassen und waren der festen Überzeugung, den Weg alleine weitergehen zu können.
Hier kommt der Zweckoptimismus ins Spiel, der eine besondere Form von Optimismus ist. Man zwingt sich, trotz widriger Umstände gezielt das Positive zu sehen. So geschehen mit Reed Hastings und Marc Randolph. Motivation und Durchhaltevermögen werden durch Zweckoptimismus gesteigert. Risiken werden zwar wahrgenommen, der Fokus liegt aber auf den Chancen und dem Potenzial.

Säule #2: Akzeptanz

Resiliente Menschen haben die Fähigkeit, gezielt zu unterscheiden, was in ihren Entscheidungsbereich fällt und was nicht. Jeder hat die Entscheidungshoheit über seine Gedanken, Gefühle und sein Handeln. Akzeptanz bedeutet, das anzunehmen, was weder beeinflusst noch geändert werden kann. Es ist sinnlos, Gedanken für etwas zu verschwenden, das weder geändert werden kann noch in den eigenen Händen liegt. Solche Gedanken führen langfristig zu psychischem Stress, der belastet und krank macht. Resiliente Menschen akzeptieren, dass unerwartete Ereignisse, unverhoffte Wendungen oder unerfüllte Lebensträume zum Leben dazugehören. Diese Akzeptanz führt zu einem inneren Frieden, der glücklich macht – und resilient.

Wer resilient ist, der folgt einer inneren Überzeugung: Alles, was passiert, hat einen Sinn. Dieser Sinn erschließt sich oftmals erst in der Rückschau. Steve Jobs hat in seiner berühmten Rede vor Absolventen an der Stanford-Universität gesagt: »Man sieht keine Verbindung zwischen den Punkten, wenn man nach vorne schaut. Man kann sie nur verbinden, wenn man zurückblickt. Man muss sich also einfach darauf verlassen, dass diese einzelnen Punkte sich in der Zukunft irgendwie verbinden werden.«

Für dich zur Inspiration: Alles, was ich im Leben wollte, war Tennisprofi zu werden. Heute, dreißig Jahre später, kann ich offen und ehrlich sagen: Gott sei Dank bin ich nie Tennisprofi geworden. Denn ich habe etwas gefunden, was viel größer ist als dieser Traum. Etwas, das ich nie gehabt hätte, wenn meine Schulterverletzung die Karriere nicht beendet hätte: den Traum vom Redner.

Säule #3: Lösungsorientierung

Resiliente Menschen sind in der Lage, Probleme in Möglichkeiten und Chancen umzuwandeln. Wie sie das machen? Es ergibt sich aus ihrer Art zu denken. Ein Problem kann immer als Problem oder als Chance wahrgenommen werden. Was auch immer wir darin sehen, es ist das Resultat unserer Gedanken.

Drehen sich Gedanken den ganzen Tag nur um Probleme, kann Resilienz nicht funktionieren. Wer seine Energie und Ressourcen allerdings dafür nutzt, nach Lösungen zu suchen, der wird auch welche finden. »Für jedes Problem gibt es eine Lösung«, diese Regel sollte mehr Anwendung in unserem Leben bekommen.

Ich habe vor Jahren mal in einem Start-up-Magazin gelesen, dass jedes Problem ein noch nicht gegründetes Unternehmen ist. In der Aussage stecken sehr viel Tiefe und Wahrheit, über die jeder Unternehmer mal nachdenken sollte.

Säule #4: Raus aus der Opferrolle

Niemand möchte ein Opfer sein. Was wir auf der einen Seite nicht wollen, machen viele Menschen unbewusst ganz gezielt: Sie nehmen nach Rückschlägen und Misserfolgen die Opferrolle an. Man sieht sich selbst als ein Opfer der Umstände. Das Schicksal, Karma oder die äußeren Umstände sind schuld an der jetzigen Situation.

Resiliente Menschen haben mit den gleichen Rückschlägen und Niederlagen zu kämpfen wie alle anderen auch. Aber sie sehen sich nicht als Opfer. Hier profitieren sie von der zweiten Säule der Resilienz: Akzeptanz. Sie akzeptieren das, was ist, und versinken nicht im Selbstmitleid. Die äußeren Umstände werden betrachtet, gefolgt von der Frage, wie sie aktiv verändert werden können.

Säule #5: Verantwortung übernehmen

Säule fünf ergibt sich aus Säule vier. Wer sich nicht als Opfer der Umstände sieht, übernimmt Verantwortung für sich und sein Leben. Für alles, was wir in unserem Leben erreicht haben, sind wir selbst verantwortlich, im Positiven wie im Negativen. Alles, was wir erreicht haben, ist das Resultat unseres Handelns. Wir tun gut daran, dafür die Verantwortung zu übernehmen – nicht nur für unser Handeln, sondern auch für unsere Gedanken und Gefühle. Resiliente Menschen behaupten für sich den Anspruch, möglichst viel Kontrolle über das eigene Leben zu haben. »Verantwortung übernehmen« geht eng einher mit »selbstbestimmt leben«.

Übernehmen wir Verantwortung für uns und unser Leben, erhöhen wir automatisch unsere Resilienz, denn wir sind resistenter gegen das Außen.

Säule #6: Netzwerkorientierung

In jeder Krise brauchen wir Halt. Zu wissen, dass man nicht alleine ist und Unterstützung erhält, gibt ein beruhigendes Gefühl mit positiven Auswirkungen auf die Krisenbewältigung. Ein entsprechendes Umfeld beziehungsweise Netzwerk ist dafür Grundvoraussetzung. Wer an seiner Widerstandsfähigkeit arbeiten möchte, muss an seinem Netzwerk arbeiten. Ziel muss es sein, ein Netzwerk aufzubauen, das geprägt von gegenseitiger Unterstützung ist. Das betrifft sowohl das soziale als auch das berufliche Netzwerk. Wir schaffen es nicht immer nur alleine. Wir können zwar einen Teil des Weges alleine gehen, aber irgendwann sind wir auf Hilfe angewiesen. Wir sind daher gut beraten, Zeit in den Aufbau und die Pflege unseres Netzwerks zu investieren. Dabei dürfen wir eine Regel nicht vergessen, die auch keinesfalls gebrochen werden sollte: »Es ist ein Geben und Nehmen.«

Säule #7: Zukunftsplanung

Resiliente Menschen haben ganz konkrete Vorstellungen von ihrer Zukunft. Hier kommt die eigene Vision ins Spiel: Sie haben große Ziele und den inneren Drang, sie auch zu erreichen. Das ermöglicht es ihnen trotz Rückschlägen, ihre eigentlichen Absichten nicht aus den Augen zu verlieren. Die Vision ist wie ein Kompass, der in schwierigen Situationen den Weg weist und Orientierung gibt. Der tiefe Wunsch, die eigenen Ziele zu erreichen, stattet sie mit ungeahnten Kräften aus, Hindernisse und Rückschläge zu überwinden. So gesehen bei allen Rulebreakern, die du bisher kennengelernt hast.

Diese sieben Säulen der Resilienz legen in der Summe die Voraussetzungen für innere Widerstandskraft. Je mehr die einzelnen Säulen entwickelt und gestärkt werden, desto mehr entwickelt sich Resilienz. Sie ist nicht mehr als ein Symptom, die Ursachen sind die sieben Säulen.

Ein Punkt ist mir zum Abschluss des Kapitels noch sehr wichtig: Als Rulebreaker nehmen wir immer eine Außenseiterposition ein. Das geschieht zwangsläufig. Wer Regeln bricht, schwimmt gegen den Strom und folgt nicht dem Herdentrieb. Man tanzt sprichwörtlich aus der Reihe und über solche Menschen wird gerne geredet. Die Gesprächsinhalte sind dabei selten positiv. Resilienz hilft, sich davon unbeeindruckt zu zeigen und seinen Weg entgegen der Meinung anderer weiterzugehen.

Selbst, wenn der Regelbruch erfolgreich ist, erregt er häufig Aufsehen. Erfolge ziehen Neider an, denen nichts Besseres einfällt, als üble Nachrede zu betreiben. Anstatt uns darüber zu ärgern, sollten wir uns darüber freuen, denn es ist ein indirektes Kompliment und ein Zeichen der Anerkennung.

16.

Die Macht der Gewohnheit – durchbrich deine Muster

Wer kennt Karl-Thomas Neumann und Tina Müller? Die beiden haben etwas geschafft, das niemand davor für möglich gehalten hatte: Sie haben der Automarke Opel vor einigen Jahren wieder ein Gesicht gegeben. Endlich mussten sich Käufer der Automobile aus Rüsselsheim nicht mehr schämen, einen Opel zu fahren. Karl-Thomas Neumann als CEO und Tina Müller als Marketingvorstand waren die Initiatoren der »Umparken beginnt im Kopf«-Kampagne, mit der Opel deutschlandweit für Aufsehen sorgte. Dafür gingen Sie mit Opel einen harten Weg: Der Autobauer ist ehrlich zu sich selbst gewesen und hat sich knallhart eingestanden, große Probleme mit seiner Marke zu haben – und das gesteht sich kein Unternehmen gerne ein.

Die Märkte funktionierten nach einer ganz einfachen Regel: »Ist das Produkt gut, kommt der Rest von selbst.« Der Automobilmarkt schien jedoch anders zu ticken. Opel hatte gute Produkte, aber es passierte nichts. Man galt bei den Zielgruppen bis zum Jahr 2013 als bieder, spießig und langweilig – gefolgt von unzähligen Vorurteilen der Marke gegenüber. Die Kampagne »Umparken beginnt im Kopf« sollte alles ändern. Man griff populäre Irrtümer auf und stellte sie als aufmerksamkeitsstarke Teaser ohne Absender in die Öffentlich-

keit: »Wer schwul ist, kann nicht Fußball spielen. Es sei denn, er war Deutscher Meister.«
»Achtundsechzig Prozent aller Männer halten rothaarige Frauen für feuriger. Neunzig Prozent davon haben noch nie eine kennengelernt.«

Erst etwas später gab Opel sich als Absender zu erkennen.
Die Marke schaffte es auf zahlreiche Titelseiten und man erreichte mehr als zwanzig Millionen Autofahrer. Erstmals nach fünfzehn Jahren gelang es dem Unternehmen, wieder Marktanteile zu gewinnen. Auch gesellschaftlich hat die Kampagne etwas bewirkt: »Umparken beginnt im Kopf« steht noch heute als Synonym für einen tief greifenden gesellschaftlichen Bewusstseinswandel.
Der CEO von Opel, Karl-Thomas Neumann, hat eines erkannt: Man muss die Regeln seiner Zielgruppe brechen, wenn man wirklich etwas verändern möchte. Was bringt es, die besten Produkte auf den Markt zu bringen, wenn die Marke in den Köpfen der Zielgruppe auf dem Abstellgleis steht?

Wir Menschen haben Muster im Kopf, nach denen wir handeln. Wollen wir wirklich etwas verändern, müssen diese Muster gebrochen werden. Hier gibt es Parallelen zur schöpferischen Zerstörung, denn das Brechen von Mustern gelingt ganz besonders dann, wenn einem Leid widerfährt und man gezwungen wird, etwas zu verändern.
Nun ist es aber nicht so, dass Muster nur in Situationen des Leides gebrochen werden können. Es ist immer möglich, dafür müssen wir allerdings verstehen, was genau Muster sind und wie sie funktionieren.

Der Mensch ist ein Gewohnheitstier. Unser Verhalten findet zu einem Großteil unbewusst statt, gesteuert von unserem Unterbewusstsein. Hier sind alle Muster gespeichert, nach denen wir denken und handeln. Das Unterbewusstsein ist die Summe aller Vorstellungen, Erinnerungen, Eindrücke, Motive, Einstellungen und Handlungsimpulse, die man in sich trägt. Man steht morgens auf, macht die Kaffeemaschine an, geht ins Bad, packt die Arbeitstasche und fährt den gleichen Weg wie immer zur Arbeit. Es sind Automatismen, über die nicht mehr aktiv nachgedacht wird. Die Steuerung wird quasi vom Autopiloten übernommen. Dieser Autopilot besteht aus Gewohnheiten, die sich aus immer wiederkehrenden Vorgängen und Verhaltensweisen zusammensetzen. Das ist sinnvoll, denn zwischen dreißig und fünfzig Prozent des Alltags leben wir nach diesen Gewohnheiten. Präziser gesagt wird unser Verhalten durch diese Gewohnheiten bestimmt. Herausgefunden hat das Bas Verplanken, Sozialpsychologe an der Universität von Bath in England. Und er muss es wissen, denn er erforscht Gewohnheiten schon seit mehr als zwanzig Jahren.

Wusstest du, dass wir ganze fünfundneunzig Prozent unserer täglichen Entscheidungen gar nicht bewusst treffen? Das geschieht unbewusst. Ein interessanter Fakt, den Harvard-Professor Gerald Zaltman erforscht hat. Demnach werden auch die meisten Entscheidungen von unserem Autopiloten getroffen. Und auch das macht Sinn. So können wir unsere Energie auf neue Dinge richten. Müssten wir über alles, was wir tagtäglich machen, aktiv nachdenken, würde uns das völlig überlasten. So wird morgens aufgestanden, wenn der Wecker klingelt, ohne das zu hinterfragen. Wir machen es einfach, weil wir es schon immer so gemacht haben – aus Gewohnheit.

Doch was genau hat das mit Regelbruch zu tun?
Gewohnheiten sind Lebensregeln. Wer aus Gewohnheit morgens um fünf Uhr aufsteht, folgt der Lebensregel des Frühaufstehers. Aber ich möchte auf einen anderen Punkt hinaus: Unsere Gewohnheiten sind unbewusste Prozesse, über die wir nicht aktiv nachdenken. Das gilt unter anderem auch für unsere lebenswichtigen Funktionen. Wir atmen automatisch. Bei Hunger nehmen wir Nahrung auf. Bei Durst wird getrunken. Alles, was in regelmäßigen Abständen ausgeführt wird, geht nach einer gewissen Zeit vom Bewusstsein ins Unterbewusstsein über. Wer an seine ersten Fahrstunden zurückdenkt, weiß um diesen Wandel. Am Anfang noch überfordert, gleichzeitig einen Gang höherzuschalten, zu lenken und aufmerksam den Verkehr im Auge zu behalten, wurde es von Fahrstunde zu Fahrstunde einfacher, bis diese Abläufe irgendwann selbstverständlich waren.

Merkst du, worauf ich hinausmöchte?
Regeln, die wir oft befolgen, werden schnell zu Gewohnheiten, die sich im Unterbewusstsein festsetzen.
Wir werden von klein auf nach Regeln erzogen. Irgendwann ist es für uns selbstverständlich, nach diesen Regeln zu handeln, ohne sie zu hinterfragen. Was auf der einen Seite gut ist, stellt sich auf der anderen Seite als Problem dar. Nämlich dann, wenn wir Regeln brechen wollen. Das Unterbewusstsein will uns in erster Linie schützen. Es ist von Natur aus darauf programmiert, den einfachsten Weg zu neh-

men, und zwar den, den es gelernt hat. Dieser Weg ist durch Regeln vorgegeben. Das wusste auch Opel-Marketingvorstand Tina Müller, die zur Idee hinter der überraschenden Werbung sagte: »Wir alle stehen vor der Herausforderung, dass in der Öffentlichkeit oftmals Barrieren im Kopf den Blick auf das Wesentliche verstellen und es eines zweiten Blicks bedarf.«

Das Unternehmen Heinz Ketchup hatte Ende der Neunzigerjahre die Idee, einen grünen Ketchup auf den Markt zu bringen, der genauso schmeckt wie roter Ketchup. Das machte durchaus Sinn, denn es gibt ebenso grüne Tomaten wie rote. In Europa war die Produktinnovation ein völliger Flop. Heinz Ketchup hat Jahre später noch einmal versucht, den grünen Ketchup erneut auf den Markt zu bringen, aber auch das war ein Misserfolg.
Die Gründe sind klar: Für die meisten Menschen sind Tomaten rot, zumindest in ihrem Kopf. Grüner Ketchup widerspricht den inneren Mustern beziehungsweise Regeln, was automatisch zu Ablehnung, also einem Nichtkauf führt.

Im Prinzip sind wir gefangen in diesen Mustern. Verlassen können wir sie nur, wenn wir aus diesem Gefängnis ausbrechen. Das gilt auch für das Muster »Regelbruch«. Wer Regeln aus Prinzip befolgt, handelt nach einem inneren Muster. Möchte man Regeln brechen, ist das nicht ohne Weiteres möglich. Es müssen dafür im Unterbewusstsein erst die Voraussetzungen geschaffen werden. Wiederholte Regelbrüche legen die Grundlage für diese Voraussetzungen und lassen neue Muster und Routinen entstehen. Sich gleich die großen Lebensregeln vorzunehmen, ist wenig Erfolg versprechend. Umso mehr aber das Brechen von Alltagsroutinen. Auch hier gilt die Devise: klein anfangen.

Das weiß auch Erfolgstrainer Thomas Tuchel, der jüngst mit dem FC Chelsea die Champions League 2020/2021 gewonnen hat. Als Tuchel seinen ersten Bundesligaverein Mainz 05 als Trainer übernahm, machte er sich umgehend einen Namen als Rulebreaker. Er änderte die Essgewohnheiten seiner Spieler. Es gab kein gemeinschaftliches Essen, weder abends noch mittags. Die Spieler kamen, aßen und gingen wieder. Tuchel störte das und er begann, Regeln einzuführen: Es darf erst gegessen werden, wenn er »Guten Appetit« gewünscht hat, und jeder Spieler muss sich mindestens zwanzig Minuten im Speisesaal aufhalten.
Daraus entstanden nach und nach neue Gewohnheiten. Ein paar Wochen später war es für die Mannschaft und das Trainerteam eine Selbstverständlichkeit, fünfundvierzig Minuten gemeinsam zu essen.

Warum war Thomas Tuchel das so wichtig?
Eine Mannschaft kann nur als Gemeinschaft auf dem Platz erfolgreich sein. Und diese Gemeinschaft fängt bei kleinen Dingen an. Wer nicht als Team zusammen speist, kann auch nicht als Team auf dem Platz erfolgreich sein. Zur Erinnerung: Tuchel spielte in Mainz in diesem Jahr die erfolgreichste Saison der Vereinsgeschichte.

Unser Alltag ist geprägt von unzähligen Mustern, die man brechen kann, um das Unterbewusstsein aus dem Takt zu bringen. Wer jeden Tag mit dem Auto zur Arbeit fährt, bricht das Muster, indem er mit

dem Fahrrad fährt. Es kann die Treppe anstelle des Fahrstuhls genommen werden. Man kann die Nachspeise mit der Vorspeise tauschen und umgekehrt. Alles das sind Muster, die relativ einfach zu durchbrechen sind. Dabei geht es gar nicht darum, von jetzt auf gleich alles anders zu machen. Zweimal pro Woche ist schon ein Anfang mit großen Auswirkungen für das Unterbewusstsein.
In der Anfangsphase fällt dieser Regelbruch oftmals schwer und man fühlt sich unwohl. Tatsächlich ist das ganz normal. Hier der Beweis: Falte deine Hände zusammen, als würdest du beten wollen. Deine Finger sind ineinander verschränkt und die Daumen übereinander. Jetzt wechsle die Position deiner Daumen, sodass der Daumen, den du normalerweise unten hast, oben liegt.

Was ist das für ein Gefühl für dich?
Ungewohnt?
Unangenehm?
Vielleicht sogar unerträglich?

Wir brauchen zwei Wochen, um uns an die neue Position unserer Daumen zu gewöhnen. Bis dahin schlägt unser Kopf Alarm und sagt, dass etwas nicht stimmt. Zu dem Ergebnis ist die US-amerikanische Psychologin Dawna Markova gekommen (Balzli 2009).

Dieses kleine Experiment zeigt eindrucksvoll, wie fixiert unser Gehirn auf Gewohnheiten ist. Unser Kopf protestiert zwei Wochen lang, nur weil die Daumen nicht in gewohnter Position liegen. Mit ein bisschen Fantasie kannst du dir selbst die Frage beantworten, was in deinem Kopf los ist, wenn wichtige Lebensgewohnheiten gebrochen werden.

Veränderung ist also eng verknüpft mit dem Bruch von Gewohnheiten. Auch für die Wirtschaftswelt ist das von hoher Relevanz. Gewohnheiten sind in den Köpfen der Mitarbeiter fest verankert. Die Vorgabe der Chefabteilung »Wir machen ab sofort alles anders« ist wenig zielführend. Wer verstanden hat, welche Rolle Gewohnheiten für unser Gehirn spielen und wie sie gebrochen werden können, der geht anders vor. Zum Beispiel so wie ein irischer Kühlteile-Hersteller: Die Manager des Unternehmens verfolgten das Ziel eines grüneren Unternehmensimages. Um das glaubhaft nach außen zu kommunizieren, sollten sich zunächst die Mitarbeiter »grün« verhalten und am Standort Galway mit dem Fahrrad zur Arbeit kommen. Der Arbeitsweg ist grundsätzlich von Gewohnheiten geprägt, die tief in einem verwurzelt sind und mit denen vieles verbunden ist: Kurzer Fahrweg zur Arbeit, nach Feierabend einkaufen fahren oder die Kinder von der Schule abholen. Zudem ist Irland wettermäßig kein prädestiniertes Land für Fahrradfahrer.

Die Manager konnten die Mitarbeiter nicht zwingen, mit dem Rad zur Arbeit zu kommen. Sie mussten sie überreden, es aus freien Stücken zu machen – und das taten sie auch. Man rief das Earth-Day-Programm ins Leben. Zum Programmstart standen nach der Mittagspause die Fließbänder im Unternehmen still, es gab musikalische Darbietungen, ein Fahrrad, mit dem man tretend einen gesunden Smoothie mixen konnte, und als Highlight einen Wettbewerb, dessen Sieger eine Reise gewinnen konnte.

Der Wettbewerb hatte eine Laufzeit von fünf Wochen und wurde in Dreierteams bestritten. Ziel war es, möglichst häufig auf das Auto zu verzichten. Sobald ein Teammitglied mit dem Rad oder zu Fuß zur Arbeit kam, erhielt das ganze Team einen Punkt.
Ein voller Erfolg, denn die Mitarbeiter begannen, sich in den Pausen von den morgendlichen Erlebnissen zu erzählen oder davon, wie gut das Radfahren doch für Körper und Geist sei. Es wurde sogar extra eine Webseite programmiert, auf der sich die Mitarbeiter austauschen konnten, und das war zugleich der entscheidende Erfolgsfaktor: die soziale Komponente.
Man installierte Duschen im Firmensitz für diejenigen, die verschwitzt und vom Regen durchnässt zur Arbeit kamen. Zudem wurden Informationsveranstaltungen über staatliche Zuschüsse für den Fahrradkauf durchgeführt. Auf einmal war es »in« mit dem Rad zur Arbeit zu kommen. Wer es nicht tat, verspürte sozialen Druck und fehlende Anerkennung. Wer jeden Tag mit dem Rad kam, wurde zu einem Helden. Die zu gewinnende Reise ist irgendwann zur Nebensache geworden. Dafür hatte man den Mitarbeitern neue Gewohnheiten gegeben und das Unternehmen konnte einen »grünen Weg« einschlagen.

Und auch hier wird eindrucksvoll unter Beweis gestellt, dass große Veränderungen immer im Kleinen anfangen.
Abläufe und Routinen zu verändern ist für den Regelbruch von entscheidender Bedeutung, denn Regelbefolgung ist oftmals nicht mehr als eine Routine. Wollen wir diese Routinen ändern, müssen wir auch an unsere Glaubenssätze ran.

Glaubenssätze lassen sich in zwei Arten unterteilen: in Regeln und Annahmen. Regeln entstehen durch Ursache und Wirkung. Wer nett zu jemandem ist, wird gemocht. Das Prinzip dahinter ist recht simpel: Man wünscht sich die Wirkung, gemocht zu werden, also folgt man der Regel, nett zu sein.

Annahmen zeigen uns auf, was geht und was nicht geht, was darf oder nicht sein darf. Dafür verantwortlich sind unsere Erfahrungen. Viele Menschen nehmen an, dass ihnen ein glückliches Leben nicht vergönnt ist. Solche Annahmen limitieren. Das gilt für Unternehmen gleichermaßen: Wer der Meinung ist, dem Marktführer nicht Paroli bieten zu können, wird das auch nicht schaffen. Es sind Annahmen, die uns Menschen oftmals im Weg stehen und Wachstum verhindern.

Es gibt eine sehr schöne Metapher von einem Zirkuselefanten, die aufzeigt, wie sehr uns unsere Glaubenssätze limitieren können: Ein kleiner Elefant wird in einem Zirkus geboren und vom ersten Tag an angekettet, damit er nicht weglaufen kann. Außerhalb der Manege wird er immer wieder an demselben Pflock festgebunden. Der Elefant wächst, wird erwachsen und überragt mit der Zeit den Pflock, an dem er festgebunden ist. Er wünscht sich nichts mehr, als die Welt außerhalb des Zirkus zu sehen und ohne Fußfessel herumzulaufen. Aber er weiß: Losreißen ist zwecklos, das hat er als Jungtier immer wieder vergebens versucht. In Wirklichkeit hätte er jetzt als Erwachsener die Kraft dazu. Doch er unternimmt nichts, denn er ist gefangen in dem Glaubenssatz, sich nicht losreißen zu können.

Der Pflock und die Fußfessel sind für den Elefanten Alltag, Erfahrung und Routine – das, was er kennt. Gleiches gilt für unsere Glaubenssätze, die größtenteils in unserer Kindheit entstehen und sich nachhaltig im Unterbewusstsein festsetzen. Sie haben die Macht, unser Leben zu beeinflussen, positiv wie negativ.

Ein Schulkind, dass der Meinung ist, zu dumm für Mathe zu sein, wird das ein Leben lang glauben. Es sei denn, dieser limitierende Glaubenssatz wird aufgelöst.

»I am the greatest«, das ist der Glaubenssatz, nach dem Muhammad Ali sein Leben gelebt hat. Für Ali war diese Aussage kein simples Zitat, Show oder ein Anfall von Arroganz. Es war sein Glaubenssatz, seine Lebensregel. Er hat wirklich geglaubt, dass er der Größte ist, und zwar lange, bevor er tatsächlich der Größte geworden ist.

Glaubenssätze sind Lebensregeln, die aus gelernten Überzeugungen resultieren – und Regeln können wir brechen. Wer ein Rulebreaker werden möchte, sollte genau damit anfangen.

Zum Abschluss des Kapitels möchte ich dir noch einen profitablen Insidertipp, unsere Muster betreffend, mit auf den Weg geben. Haben wir einmal verstanden, wie Gewohnheiten funktionieren und was sie mit einem machen, kann dieses Wissen in vielen entscheidenden Situationen für den eigenen Vorteil genutzt werden.

Mit sechzehn Jahren sagte mir mein damaliger Tennistrainer: »Achte auf die Spielgewohnheiten deines Gegners und breche deine eigenen. Das ist der Schlüssel zum Erfolg.« Zwischen den Zeilen gelesen bedeutet das: Gewohnheiten machen Menschen berechenbar. Das ist unsere Chance, unberechenbar zu werden.

Jeder Spieler hat seine Lieblingsspielzüge, also Muster. Mit etwas Erfahrung stellt man sich nach spätestens einem Satz auf den Gegner ein. Man erahnt, wohin er mit hoher Wahrscheinlichkeit den nächsten Ball spielt, besonders in spielentscheidenden Situationen. Das gilt für einen selbst gleichermaßen – und auch diese Muster erkennt der Gegner ab einem gewissen Spielniveau. Jetzt wird es interessant: Hat mein Gegner meine Muster erkannt, breche ich sie. Dieser simple Regelbruch führt häufig zum Erfolg. Ich spiele auf meiner Rückhandseite sehr gerne den Crossball. Habe ich das zwanzig Mal gemacht, stellt sich mein Gegner darauf ein. Er erwartet den Rückhand-Cross-Schlag und bewegt sich instinktiv in diese Richtung. Dann breche ich das Muster und spiele Longline. In dem Moment werde ich für ihn unberechenbar. Er sieht sich mit einigen Problemen konfrontiert, für die er erst einmal eine Lösung finden muss. Denn spätestens nach wiederholten Longline-Schlägen kann er sich auf kein Muster mehr einstellen. Verwirrung und Unsicherheit sind die logische Konsequenz. Ein einziger Bruch eines Spielmusters und viele Spieler sind nicht in der Lage, damit umzugehen. Meine Aussichten auf Erfolg steigert das ungemein, besonders dann, wenn mein Gegner seine eigenen Muster nicht brechen kann.

Nicht nur beim Tennis gilt: Jeder Mensch handelt nach Mustern. Beobachten wir unser Umfeld etwas genauer, lassen sich bei jedem Einzelnen solche Muster erkennen – und danach handeln sie. Kennen wir die Muster anderer und ziehen die richtigen Schlüsse daraus, kann man sehr präzise Vorhersagen treffen, wie der Einzelne in und auf bestimmte Situationen reagiert.

Für Gehaltsverhandlungen, Verkaufsgespräche mit langjährigen Kunden oder das eigene Privatleben ist dieses Wissen von unschätzbarem Wert.

17.

Ohne Mut klappt es nicht – Regelbruch auf allen Ebenen

Im August 2009 machte Christian Heidel, Manager des Fußballbundesligisten Mainz 05, Thomas Tuchel zum Cheftrainer. In einem so schnelllebigen Business wie dem Profifußball nichts Außergewöhnliches, doch diese Trainerverpflichtung war anders: Christian Heidel machte sich einen Namen als Rulebreaker und trumpfte mit einer mutigen Entscheidung groß auf.

Tuchel wurde Cheftrainer, ohne selbst als Profi auch nur ein Bundesligaspiel absolviert zu haben. Diese Erfahrung zählt zu einem der Hauptmerkmale der Stellenausschreibung »Profitrainer«. Auch hatte Tuchel bis dahin noch keine Seniorenmannschaft trainiert, sondern ausschließlich Erfahrungen in Nachwuchsleistungszentren gesammelt. Die älteste Mannschaft, die er bis zu diesem Zeitpunkt trainiert hatte, war eine U23.

Heidel brach mit allen marktüblichen Regeln und zeigte sich mutig wie risikofreudig: Er traf die Entscheidung, den Aufstiegstrainer, der Mainz 05 in die Bundesliga geführt hatte, im Aufstiegsjahr zu entlassen. Nicht, weil der Erfolg nicht da war, das war er zweifelsohne. Elementare Dinge in der Menschenführung waren nicht so gelaufen, wie Heidel es haben wollte. Dadurch sah er sich veranlasst, den Erfolgstrainer zu entlassen, und er stellte einen neuen und zugleich unerfahrenen Trainer ein. Ein Novum in der Fußballbundesliga.

Der Mut von Heidel wurde belohnt. Im ersten Jahr schloss Mainz 05 die Saison als Tabellenfünfter ab und qualifizierte sich für den europäischen Wettbewerb. Tuchel avancierte zu einem absoluten Toptrainer von Weltformat, der mittlerweile zu dem elitären Kreis der Trainer gehört, die die Champions League gewinnen konnten. Die Erfolgsgeschichte zeigt einen wichtigen Punkt: Regelbruch ohne Mut ist nicht möglich.

Rulebreaker sind mutige Menschen. Sie schrecken vor Regelbrüchen nicht ängstlich zurück und wagen sich stets an die allgemein herrschenden Spielregeln ran. Das gilt für die Spielregeln eines Marktes, einer Branche, eines Unternehmens oder des gesellschaftlichen Lebens gleichermaßen.
Hält die Mehrheit Regeln für sinnlos, werden sie dennoch befolgt. Nicht, weil sie es will, sondern weil der Mut fehlt, sie zu brechen. Dabei ist Mut etwas, was wir ständig in unserem Leben brauchen. Wollen wir neue Wege gehen oder Herausforderungen meistern, geht das nicht ohne Mut. Eine Krise zu überwinden erfordert Mut. Unangenehme Dinge zu erledigen erfordert Mut. Kritik anzunehmen erfordert Mut. Ein Vorhaben mit unsicherem Ausgang zu starten erfordert Mut.
Jeden Tag werden wir mit Situationen konfrontiert, in denen wir mutig sein müssen – jeder auf eine individuelle Art und Weise. Ein kleines Kind braucht Mut, um das erste Mal vom Dreimeterbrett zu springen. Für einen Erwachsenen kann es Mut brauchen, »Nein« zu sagen. Es sind nicht nur die großen Dinge, die mutiges Handeln erfordern, es sind eben auch die kleinen.

Für Rulebreaker ist Mut ein entscheidender Faktor für den Regelbruch. Sie wissen, dass Gewinnen ohne Risiko nicht möglich ist. Es bedarf Mut, etwas zu wagen, bei dem das Ergebnis unbekannt ist.

Die Psychologen Peterson und Seligman haben vierundzwanzig Charakterstärken eines Menschen definiert. Diese haben sie wiederum in sechs menschliche Tugenden zusammengefasst. Eine dieser Tugenden ist der Mut. Demnach zählt er zu den Kerneigenschaften des menschlichen Funktionierens. Mut beschreibt eine emotionale Stärke, die uns Menschen hilft, Grenzen zu überwinden, um ein bestimmtes Ziel zu erreichen (Peterson/Seligman 2004). Ziele und Mut sind also gewissermaßen abhängig voneinander – und mittendrin in diesem Abhängigkeitsgefüge steht der Regelbruch.

Stell dir vor, du hast um neun Uhr morgens einen wichtigen geschäftlichen Termin mit einem Geschäftspartner. Frühzeitig losgefahren, wirst du von einem unvorhersehbaren Stau ausgebremst. Zu spät kommen ist für diesen wichtigen Termin keine Option. Dir bieten sich genau zwei Möglichkeiten: Nach dem Stau regelkonform weiterfahren, was zu einer ordentlichen Verspätung führt. Oder nach dem Stau mit allen Verkehrsregeln brechen, mit der Option, es pünktlich zu schaffen. Beide Möglichkeiten bergen Risiken: Im ersten Fall droht Verspätung, gefolgt von einem geplatzten Termin. Im zweiten Fall drohen Konsequenzen für die Missachtung von Verkehrsregeln. Für welche Möglichkeit man sich entscheidet, hängt von der Wichtigkeit des Ziels ab. Ist der Termin so wichtig, dass hiervon die berufliche Existenz abhängt, wird man die Regeln brechen und es mit Mut im

Gepäck riskieren. Ist man sich sicher, dass eine Verspätung keine ernst zu nehmenden Konsequenzen mit sich bringt, wird Möglichkeit eins gewählt.
Würde ein uns nahestehender Mensch mit einem Herzinfarkt im Krankenhaus liegen – Überleben ungewiss –, würden wir uns ins Auto setzen, losfahren und jegliche Regeln brechen, denn sie hätten in dem Moment keinerlei Bedeutung mehr.

Was möchte ich dir damit sagen?
Sobald wir ein Ziel haben, dessen Erreichung oberste Priorität hat, bringen wir den Mut auf, alles dafür zu tun, inklusive Regelbruch. Mut ist also in erster Linie ein Symptom. Die Ursache dafür sind Ziele und die Wichtigkeit, sie zu erreichen.
Daraus ergibt sich gleichzeitig auch der Mut zu scheitern. Wer sich auf den Weg macht, seine Ziele zu erreichen, läuft immer Gefahr zu scheitern. Das kann zu Ängsten führen, genauer gesagt zu Versagensängsten. Rulebreaker wägen zwischen dem eigentlichen Ziel und der Angst, es nicht zu erreichen, ab. In der Regel ist der Wille, das Ziel zu erreichen, größer als die Angst, es nicht zu erreichen.
Leider ist in unserer Gesellschaft die Angst zu scheitern oftmals größer als das Ziel. Das führt dazu, dass die eigenen Ziele begraben werden. Das musst du dir einmal vor Augen halten: Zwischen den meisten Menschen und ihren großen Träumen steht einfach nur die Angst, sie nicht zu erreichen. Dass die Angst größtenteils unbegründet ist, wird nicht gesehen.

Warum unbegründet?
Wer etwas versucht und nicht schafft, verliert nichts – man ist genauso weit wie vorher auch. Diese Tatsache sollten wir uns regelmäßig ins Bewusstsein rufen. Den Kern dieser Aussage hat der im Jahr 1886 geborene US-amerikanische Unternehmensleiter und soziologische Management-Theoretiker Chester Barnard aufgestellt: »Einen Versuch wagen und dabei scheitern bringt zumindest einen Gewinn an Wissen und Erfahrung. Nichts riskieren dagegen heißt, einen nicht abschätzbaren Verlust auf sich zu nehmen – den Verlust des Gewinns, den das Wagnis möglicherweise eingebracht hätte.«

Nicht das Verlieren ist unser Feind, es ist die Angst vor dem Verlieren. Dieser Feind ist keinesfalls unbesiegbar, denn der Mut, es trotz Angst zu wagen, zwingt ihn in die Flucht.
Rulebreaker sind auch nur Menschen und müssen sich diesen Ängsten gleichermaßen gegenüberstellen. Allerdings erlauben sie sich, Fehler zu machen und zu scheitern. Diese Erlaubnis ist der erste Schritt, mutiger zu werden. Es ist der gesellschaftliche Anspruch auf Perfektion, der mutiges Auftreten verhindert. Schlimm genug, dass Perfektionismus in der heutigen Zeit überhaupt eine Lebensweise ist, aber sie führt außerdem nur dazu, dass kein Spielraum mehr für Fehler vorhanden ist. Das Streben nach Sicherheit steht hier im Weg. In eine sichere Welt passen keine Fehler. In ein erfolgreiches Unternehmen auch nicht. Deswegen haben wir Angst, welche zu machen. Nur wenn wir uns von diesen Ansichten und Glaubenssätzen lösen, haben wir die Chance, mutig unseren Zielen nachzugehen und, wenn es sein muss, Regeln zu brechen.

»Angst« hat in unserer Gesellschaft ein Imageproblem. Sie wird als etwas Schlechtes angesehen, was sie nicht ist. Vielmehr ist sie ein nützliches Instrument, das uns von der Natur mit auf den Weg gegeben wurde.

Es gibt eine wunderbare Szene im dritten Film der Batman-Trilogie, »The Dark Night Rises«. Der Hauptdarsteller Christian Bale, alias Bruce Wayne und Batman, wird in einem Gefängnis festgehalten. Das Besondere ist, dass es einen Weg nach draußen in die Freiheit gibt, der aber unbezwingbar ist. Der Weg führt über eine steile Felswand. Auf mehr als zehn Meter Höhe gibt es einen kleinen Felsvorsprung, von dem aus die Gefangenen den »Sprung in die Freiheit« wagen können, indem sie von einem Felsvorsprung zum nächsten springen. Allerdings ist die Distanz so gewählt, dass es menschlich nicht möglich ist. Tagtäglich versuchen sich die Gefangenen an dem Sprung in die Freiheit, gesichert mit einem Seil um die Hüfte, damit sie bei dem Versuch nicht sterben.
Auch Batman versucht den Sprung. Immer und immer wieder. Ohne Erfolg. Bis ein alter Gefängnisinsasse ihm einen entscheidenden Rat gibt: »Wie kann man schneller laufen als möglich, schneller kämpfen als möglich, ohne die mächtigste Triebfeder unseres Geistes: Die Angst vor dem Tod.«
Von diesem Ratschlag inspiriert, entscheidet sich Batman, den letzten entscheidenden Sprung über den Abgrund ohne Sicherheitsseil zu riskieren. Von der Todesangst begleitet, schafft er den unmöglichen Sprung in die Freiheit.

In dieser Szene wird eindrucksvoll dargestellt, wie leistungsfördernd und motivierend Angst sein kann.
Die körperlichen Reaktionen auf Angst sind bekannt: Zittern, Herzrasen, Engegefühl im Brustkorb und das Gefühl einer zugeschnürten Kehle, um nur einige Beispiele zu nennen. Dahinter verbirgt sich ein großer Nutzen: extreme Aufmerksamkeits- und Leistungssteigerung. Das Grundprinzip dahinter ist recht einfach und logisch: Auf drohende Gefahr müssen wir blitzschnell reagieren können. Nur so kann Überleben gesichert werden. Verantwortlich dafür sind die menschlichen Urinstinkte. Wir müssen heute zwar nicht mehr schneller laufen können, weil wir von einem Tiger gejagt werden, werden aber umso mehr mit modernen Ängsten konfrontiert: Lampenfieber, Prüfungsangst oder Existenzängste. Ängste helfen, Topleistungen abzurufen. Ohne Lampenfieber wäre man auf der Bühne nicht so konzentriert. Wird die Angst überwunden, wird man vom Gehirn mit Glücksgefühlen belohnt. Man ist erleichtert, befreit und glücklich.

Leider vermeiden viele Menschen Situationen, in denen sie überhaupt mit ihren Ängsten konfrontiert werden können. Wieder mal sind die Gründe in unserem Bedürfnis nach Sicherheit zu finden. Unsere Gesellschaft vertritt die Meinung, man müsse bei einem Vorhaben immer einen Plan B in der Hinterhand haben. Ein Notfallplan, der noch ein kleines Hintertürchen namens Sicherheit offenhält. Das Sicherheitsseil, das einen auffängt, sollte man fallen. Was auf den ersten Blick nach einer vernünftigen Strategie klingt, ist auf den zweiten Blick eine nicht zu unterschätzende Gefahr. Entwicklung hat einen Feind: Sicherheit. Wäre man überzeugt davon, Plan A zu er-

reichen, bräuchte es keinen Plan B. Er ist somit nicht mehr als die Gewissheit zu scheitern.
Jeder Mensch und jedes Unternehmen kann so viel mehr erreichen, wenn man ohne Sicherheitsseil agiert, sich seinen Ängsten stellt und mutig seinen Weg geht.

Rulebreaker machen es vor: Sie haben für Regelbrüche keinen Plan B. Davon lösen sie sich ganz bewusst. Das ermöglicht es ihnen, eines der stärksten Instrumente der menschlichen Natur zu nutzen: Angst. Diese Angst, gepaart mit dem Mut, trotz der Angst ins Handeln zu kommen, lässt sie die großartigsten Dinge vollbringen. Reed Hastings hatte mit Netflix zwei Jahre nach Unternehmensgründung 57 Millionen Dollar Verluste. Der Notfallplan bestand aus der Übernahme durch den Marktführer Blockbuster. Erst als der Deal platzte und das Sicherheitsseil riss, machte er, mit der Angst im Nacken, Netflix zu einem der erfolgreichsten Unternehmen der Welt.

Auch Michael O'Leary hat Ryanair mit dem Billigflieger-Konzept erst gerettet, als er die Angst der Pleite im Nacken spürte.

Sicherheit in allen Ehren, aber zu viel Sicherheit ist schädlich. Es darf guten Gewissens mit der Regel »Du brauchst einen Plan B« gebrochen werden. Diese Regel steht dem Fortschritt zu oft im Weg.
Ich möchte niemandem empfehlen, seinen Notfallplan zu eliminieren – und ich bin mir sicher, dass viele von euch in den unterschiedlichsten Bereichen einen haben. Aber ich möchte dich inspirieren, darüber nachzudenken und es in Betracht zu ziehen. Allerdings ist

nicht jeder Mensch dafür geeignet, unter Druck und mit Angst im Nacken Leistung zu erbringen. Hier bewegen wir uns allerdings im Bereich der »ungesunden Angst«, was ein ernst zu nehmendes psychologisches Problem ist.

Was die natürliche, gesunde Angst angeht, so gibt es keine Zweifel, dass sie leistungsfördernd ist.

»Ich würde gerne mehr im Leben riskieren, bin aber kein mutiger Mensch«, denkst du jetzt vielleicht. »Mutig sein« können wir trainieren, und zwar in unserem täglichen Leben. Der tägliche Vorsatz, einmal am Tag mutig zu sein, kann schon eine Menge bewirken. Mut ist wie ein Muskel, der durch regelmäßiges Training wächst.

18.
Dein Schlüssel zum Regelbruch – das persönliche Warum

Jeder Regelbruch bringt gewisse Risiken mit sich. Mal mehr, mal weniger. Es ist kein Geheimnis, dass wir Menschen das Risiko grundsätzlich scheuen und auf maximale Sicherheit setzen. Doch wie kann es sein, dass Rulebreaker hier so anders sind?
Regelbrecher haben ein »Warum«, das ist alles. Dieses Warum ist der entscheidende Schlüssel zum Regelbruch. Ohne diesen Schlüssel ist es unmöglich, die Tür zum Regelbruch aufzuschließen und ihn zu praktizieren. Aber der Reihe nach: Wieso ist dieser Schlüssel so wichtig und wo kann man ihn finden?

Haben wir Ziele vor Augen, stellen wir uns stets die Frage, »wie« wir diese Ziele erreichen können. Oftmals kommen wir dann relativ schnell zu der ernüchternden Erkenntnis, dass wir keine Ahnung haben, wie wir unsere Ziele erreichen sollen. Für viele ein Grund, die eigenen Ziele zu begraben. Ein fataler Fehler, denn die Frage nach dem »Wie« ist die falsche Frage. Die richtige Frage fragt nach dem »Warum«. Man muss nicht wissen, wie man ein Ziel erreichen kann. Man muss wissen, warum man ein Ziel erreichen will. Haben wir das Warum erst einmal gefunden, kommt das Wie von ganz alleine.

Hinter dem Warum verbirgt sich der Grund unseres Handelns. Wird bei der breiten Masse ein Blick hinter das Warum geworfen, muss man häufig feststellen, dass Statussymbole im Vordergrund stehen. Wer schon einmal einen Spaziergang über die Düsseldorfer Königsallee gemacht hat, wird diese Situation kennen: Jemand fährt in Schrittgeschwindigkeit mit einem Ferrari oder Lamborghini über die Allee. Immer wieder lässt der Fahrer den Sound des Motors erklingen. Und was passiert? Viele Menschen drehen sich instinktiv zu dem Fahrer um, mit einem Ausdruck der Bewunderung im Gesicht. Der Fahrer selbst genießt die Blicke und saugt sie durch die Außenspiegel förmlich auf. Genau deswegen ist er hier: Er sucht Anerkennung.

Man ist schnell geneigt, den Fahrer des Autos zu idealisieren. Man verbindet das Auto mit dem Lebenserfolg des Fahrers. Dass viele solche Autos oftmals nur geleast haben und die Leasingrate den Fahrer fast um die eigene Existenz bringt, sieht niemand.

»Anerkennung« ist ein dominierendes Motiv in unserer Gesellschaft. Gegen solch ein Motiv ist im Prinzip auch nichts einzuwenden, nur fehlt das echte Warum.

Die Motive eines Rulebreakers orientieren sich nicht an Geld, Macht, Ruhm oder sonstigen Statussymbolen. »Den Wandel der Welt zu nachhaltiger, sauberer Energie beschleunigen« lautet zum Beispiel das Motiv von Tesla-Gründer Elon Musk. Er möchte die Welt verbessern. Dass er damit Milliarden verdient, war nie sein übergreifendes Ziel. Das ist einfach passiert, entsprungen aus seinem Warum.

Regelbrecher sind selten finanziell orientiert oder motiviert. Das Erreichen von Umsatzzielen stellt für sie nicht das höchste Gut dar. Es ist die Leidenschaft für den Regelbruch, für die Veränderung und für den Fortschritt. Werden sie dann noch verstanden und können ihre Ansichten und Werte teilen, erfüllt es sie mit Glück. Das Erreichen von finanziellen Zielen ist oftmals die logische Konsequenz, aber nicht das, was sie antreibt. Vielmehr sind es die tiefen persönlichen Gründe, die ihr Warum definieren. Gründe, die dafür sorgen, dass sie niemals aufgeben. Gründe, die dafür sorgen, dass sie trotz Versagensängsten das Wagnis »Regelbruch« eingehen. Gründe, die sie mutig handeln lassen.

Das Warum ist ein wichtiger Bestandteil meiner Keynote-Vorträge. Sehr häufig werde ich nach Vorträgen von Zuhörern angesprochen, die sich durch das Warum sehr inspiriert gefühlt haben, die es aber auch nachdenklich gemacht hat. Besonders Zuhörer jüngeren Alters kommen betrübt zu mir, mit der Aussage, dass sie kein Warum haben und sie das beängstigt – wo doch jeder etwas im Leben haben sollte, wonach es sich zu streben lohnt.
Ein fehlendes Warum ist nicht beängstigend. Vielmehr müssen wir uns, wie so oft, mal wieder von einer gesellschaftlichen Regel befreien, die uns im Weg steht. Wo steht es geschrieben, dass man nach der Schule oder dem Studium sofort wissen muss, was man mit dem Rest seines Lebens anfangen möchte?
Nirgendwo! Das ist nicht mehr als eine ungeschriebene Regel der Gesellschaft, weil die meisten Menschen es gerne so hätten. Es sind nur ganz wenige, die den Sinn dieses Gesellschaftsbildes hinterfragen.

Wie soll ein junger Mensch ohne Lebenserfahrung so eine Entscheidung treffen? Meiner Meinung nach ist das unmöglich. Der Druck kommt dabei oftmals aus der eigenen Familie. Schnellstmöglich muss man Entscheidungen für die eigene Zukunft treffen, sonst lauert die Gefahr, auf der Straße zu landen. Äußerer Druck führt nur dazu, dass Dinge gemacht werden, die den Einzelnen nicht erfüllen. Daraus ergeben sich langfristig eine Menge Probleme. Müssen tut man gar nichts. Natürlich gibt es Menschen, die in jungen Jahren schon wissen, was sie in ihrem Leben machen wollen. Genauso gibt es auch andere, die es erst mit dem dreißigsten oder fünfzigsten Lebensjahr wissen. Solange man nicht aufhört, nach seiner Passion zu suchen, gibt es keinen vordefinierten Zeitrahmen, um sich festzulegen.
Die Suche nach dem Warum ist nicht leicht. Wir sollten mehr Zeit investieren, um herauszufinden, was uns persönlich wichtig ist und was uns in unserem Leben Spaß macht. Das bedeutet, gewisse Dinge auszuprobieren und die richtigen Schlüsse daraus zu ziehen: Machen sie uns Spaß, sollten wir sie intensivieren. Machen sie uns keinen Spaß, hat man eine Information mehr und kann andere Dinge ausprobieren. »Probieren geht über Studieren«, diese Regel sollte im Leben um ein Vielfaches mehr berücksichtigt werden. Selbst wenn man tausend Dinge ausprobiert, die einem keinen Spaß machen, wird sich irgendwann eine Tür öffnen und man weiß: »Das ist es! Das will ich machen!« Es ist die Geburtsstunde des Warums.
Leider werden besonders junge Menschen dieser Herangehensweise durch Regeln beraubt. So ist es der Anspruch vieler Unternehmen, Bewerber mit einem lückenlosen Lebenslauf einzustellen. Dieser Anspruch führt dazu, dass es keinen Raum mehr für Experimente gibt.

Unternehmen und Personalabteilungen, die bei Bewerbern auf der Suche nach einem perfekten Lebenslauf sind, schaden sich selbst und anderen. Vor zwanzig Jahren mag der Anspruch mal gerechtfertigt gewesen sein, aber damals hatten Themen wie »Selbstfindung« und »Selbstverwirklichung« nicht die Bedeutung wie in der heutigen Zeit.

Nicht nur Unternehmen müssen Berufstätigen die Chance geben, »sich selbst zu finden«, auch die Gesellschaft muss es tun. Es darf nicht sein, dass jemand Angst haben muss, keinen Job zu finden, nur weil er die letzten drei Stellen nach ein paar Monaten gekündigt hat. Stattdessen wird eher ein Bewerber bevorzugt, der mit scheinbarer Kontinuität bei nur einem Unternehmen gearbeitet hat oder der ganz gezielt und opportunistisch alle zwei Jahre den Job gewechselt hat, um einen Karriereschritt zu machen. Ob der Bewerber bei seinem vorherigen Arbeitgeber glücklich war, steht oftmals nicht zur Debatte. Viele Arbeitnehmer bevorzugen daher einen Job, den sie im Grunde ihres Herzens nicht mögen, gemäß dem Motto: Hauptsache, ein Job. Hier muss kritisch hinterfragt werden. Einen Job, den man nicht mag, findet man immer, nur ist das Leben dafür zu kurz und zu kostbar. Niemand sollte seine Lebenszeit mit etwas verschwenden, das ihn nicht erfüllt.

Ich bin der festen Überzeugung, dass in jedem von uns etwas Besonderes steckt. Jeder von uns kann etwas richtig gut, nur machen die wenigsten etwas daraus. Einige machen sich gar nicht erst auf die Suche nach ihren Talenten, andere geben die Suche nach ein paar

Experimenten voreilig auf. Nur wie sollen wir etwas finden, das uns erfüllt, wenn wir uns nicht auf die Suche machen?

Ich habe bis zu meinem dreißigsten Lebensjahr gebraucht, bis ich bewusste Klarheit für meinen Lebensweg gefunden habe. Dafür musste ich viele Dinge ausprobieren und der Weg war geprägt von zahlreichen Enttäuschungen. Mit dabei: ein geplatzter Lebenstraum. Trotz dieser Enttäuschungen habe ich nie aufgehört, nach etwas zu suchen, wonach es sich zu streben lohnt. Immer war ich sicher, dass es meine Berufung für mich gibt. Dafür bedarf es Mutes, denn manchmal muss ein Weg abgebrochen werden, der sich als falsch herausstellt. In den Augen der breiten Masse wird das mit dem klassischen Scheitern gleichgesetzt. Dieser Vergleich entbehrt allerdings jeglicher Grundlage. Gescheitert ist derjenige, der den falschen Weg weitergeht, obwohl er weiß, dass dieser falsch ist. Auch ich musste mich von gesellschaftlichen Regeln und Mustern lösen, was nicht immer einfach war. Der Weg, genau das zu tun, ist jedoch ein lohnenswerter. Als Redner auf der Bühne zu stehen ist meine Erfüllung. Ob das für immer so bleibt, weiß ich nicht. Aber aktuell kann ich mir nichts Schöneres vorstellen. Für mich ist es keine Arbeit, es ist mein Leben – eine Aussage, die für viele Menschen nicht greifbar ist. In unserer Gesellschaft hat man ein Privatleben und ein Arbeitsleben zu haben. Aber warum?

Wir haben nur ein Leben, in dem man machen sollte, was man liebt. Wer das macht, braucht weder Urlaub noch Wochenenden noch Feiertage zur Erholung. Man muss sich auch nicht morgens aufraffen, aufzustehen – man kann es kaum erwarten.

Für große Teile unserer Gesellschaft ist das unverständlich. Für Menschen, die das lieben, was sie machen, ist es das Normalste auf der Welt. Sie differenzieren nicht zwischen Privat- und Arbeitsleben. Wer schon einmal im Urlaub mit dem Laptop am Strand gesessen und die Blicke der Menschen wahrgenommen hat, der weiß, wie wenig gesellschaftlich akzeptiert es ist, im Urlaub zu »arbeiten«. Der Herdentrieb sieht anderes vor: Urlaub ist arbeitsfreie Zeit.

Wie viele Menschen fahren in den Urlaub, um sich von ihrer Arbeit zu erholen?
Wie viele Menschen freuen sich montags schon auf das bevorstehende Wochenende?
Wie viele Menschen gehen am Wochenende feiern und betäuben ihre Unzufriedenheit und ihr Unglück mit Alkohol?
Es sind eine ganze Menge und das Schlimme ist: Es ist gesellschaftlich akzeptiert.

Man folgt lieber der Regel, dass Arbeit keinen Spaß machen darf, jammert über den Job und zählt die Tage bis zur Rente. Erst dann erlaubt man sich, überspitzt gesagt, das Leben zu genießen. Besonders ausgeprägt ist diese Haltung im öffentlichen Dienst. Bis heute scheint das Streben nach Sicherheit und einer schönen Pension Hauptmotiv für viele dort tätige Menschen - und das wird auch in keiner Weise geleugnet. Was ist das für ein tolles Konzept? Kann Glück so entstehen? Vierzig bis fünfundvierzig Jahre lang zur Arbeit quälen, um dann endlich das Leben genießen zu können? Dass die Wahrscheinlichkeit sehr hoch ist, auf dem Weg dorthin krank zu werden, weil man sich fünfundvierzig Jahre vor allem seelisch kaputtgemacht hat, wollen viele nicht wahrhaben.

Leider tun wir als Gesellschaft auch alles dafür, die Regel »Arbeit macht Spaß« nicht gelten zu lassen. Ein Blick in die Wirtschaftswelt genügt: Arbeitgeber wollen Arbeitnehmern eine gute Work-Life-Balance bieten. Es wird sich darauf fokussiert, dass die Mitarbeiter im Gleichgewicht stehen. Dahinter verbirgt sich die Idee, dass glückliche und ausgewogene Mitarbeiter motivierte und produktive Mitarbeiter sind. Gleichzeitig erwarten Arbeitnehmer von einem Arbeitgeber eine gesunde Work-Life-Balance, denn auch ihnen ist ein gesundes Verhältnis zwischen Arbeits- und Privatleben wichtig. Hier treffen Angebot und Nachfrage aufeinander.

Laut Statista ist für vierundzwanzig Prozent der deutschen Arbeitnehmer die Work-Life-Balance das wichtigste Kriterium für die Entscheidung für den aktuellen Arbeitgeber. Für neununddreißig Prozent ist sie nicht ausschließlich entscheidend, aber mitentscheidend (Statista 2021).

Wagt man einen Blick hinter die wirklichen Motive der Work-Life-Balance, lässt sich folgende These aufstellen: »Die Work-Life-Balance ist für Menschen da, die ihren Job nicht mögen.«

Wer seinen Job liebt, wen die tägliche Arbeit erfüllt, der braucht keine Work-Life-Balance. Daraus lässt sich eine gewinnbringende Regel ableiten: »Wem eine Work-Life-Balance wichtig ist, der hat den falschen Job.«

Es ist kein Wunder, dass für Rulebreaker eine Work-Life-Balance nicht existent ist, denn sie sind intrinsisch motiviert. Aus dieser intrinsischen Motivation heraus entspringt das Warum. Es beschreibt den inneren, aus sich selbst stammenden Antrieb. Extrinsische Motivation beschreibt das genaue Gegenteil: Es wird etwas gemacht, weil man etwas dafür bekommt. Hier begehen Unternehmen einen großen Fehler, denn sie appellieren an die extrinsische Motivation ihres Personals. Prämien, Gehaltserhöhungen, Firmenwagen – alles das sind Anreizsysteme für die Motivation. So wird versucht, Mitarbeiter für Leistung zu motivieren. Was in der Praxis durchaus funktioniert, ist am Ende zu kurzfristig gedacht, denn: Fallen die Anreize weg, fällt auch die Motivation weg und mit ihr die Leistung.

Dass Mitarbeiter, die extrinsisch motiviert sind, auch mal anders denken oder Regeln brechen, um im Unternehmen Fortschritt und Innovationen zu forcieren, ist nahezu ausgeschlossen. Warum sollte man sich dem Risiko stellen? Scheitert man, steht man am Ende vielleicht ohne den Bonus da.

Unternehmen, die mit dem Problem »demotivierte Mitarbeiter« zu kämpfen haben, können keine Leistungsexplosionen erwarten. Fast sechs Millionen Arbeitnehmer in Deutschland haben innerlich bereits gekündigt. 650.000 von diesen haben Wechselabsichten oder sind aktiv dabei, sich von ihrem Arbeitgeber wegzubewerben. Nur fünfzehn Prozent aller Arbeitnehmer können sich mit ihrem Arbeitgeber identifizieren und haben eine hohe emotionale Bindung zu ihm. Zu den Ergebnissen kam eine Gallup-Studie Ende des Jahres

2019 (Tödtmann 2019). Der volkswirtschaftliche Schaden beziffert sich auf 122 Milliarden Euro pro Jahr. Wenn diese Zahlen kein Grund für Veränderungen sind, dann weiß ich nicht, worauf Unternehmen noch warten wollen.

Natürlich sind die Gründe für diese Entwicklung vielschichtig. Aber eines ist unumstritten: Haben Mitarbeiter den Anspruch, sich in ihrem Job selbst zu verwirklichen, Unternehmen sie aber nur extrinsisch motivieren, ist die innere Kündigung die logische Konsequenz. Jedes Unternehmen muss sich die Frage stellen, was man erreichen könnte, wären die eigenen Mitarbeiter intrinsisch motiviert.

Auf den Punkt gebracht bedeutet das: Verfolgen Unternehmen nachhaltige wirtschaftliche Interessen, müssen sie sich die Frage stellen, wie sie als Unternehmen ihren Mitarbeitern helfen können, sich selbst zu verwirklichen. Im Silicon Valley in den Vereinigten Staaten haben Unternehmen das längst erkannt – und der Erfolg gibt ihnen recht. Dort geben Unternehmen ihren Mitarbeitern ein Warum, losgelöst von materiellen Anreizsystemen. Und eines ist gewiss: Mitarbeiter, die ein Warum haben, sind potenzielle Rulebreaker. Und niemand weiß, was für großartige Dinge diese Regelbrecher in Bewegung setzen könnten.

19.

Warum du als Rulebreaker mental stark sein musst

Am 15. Januar 2009 geschah etwas, das viele Menschen ein Wunder nannten: Einhundertfünfundfünfzig Menschen saßen an Bord eines Airbus A320 auf dem Weg von New York nach Charlotte, North Carolina – und plötzlich Ausfall beider Triebwerke kurz nach dem Start über New York nach einer Kollision mit Wildgänsen. Flugkapitän Chesley Sullenberger ahnte schnell, dass er keinen Flughafen mehr für eine Notlandung erreichen würde. Er fasste eine unglaubliche Entscheidung: Notlandung auf dem Hudson River. Der Siebenundfünfzigjährige schaffte das schier Unmögliche: Er landete den Airbus auf dem Hudson River und rettete allen einhundertfünfundfünfzig Menschen an Bord das Leben.

Die Weltpresse hat schnell von einem Wunder gesprochen – für Psychologen war jedoch klar, dass der Pilot eindrucksvoll unter Beweis gestellt hat, was mentale Stärke bedeutet. Ein Pilot, der von jetzt auf gleich aus seiner Routine gezerrt wurde und auf den Punkt genau in der Lage war, seine Leistung abzurufen. Hier war jemand, der entgegen allen Umständen in einem Bruchteil einer Sekunde die richtigen Entscheidungen getroffen hat.

Warum erzähle ich diese Geschichte, wo sie doch mit Regelbruch im eigentlichen Sinne nichts zu tun hat?
Doch, hat sie. Regelbrüche reißen uns aus Routinen raus. Man tut Dinge, die man noch nie gemacht hat, schwimmt gegen den Strom und verlässt die Komfortzone. Will man hier bestehen, braucht es eine starke Psyche. Mentale Stärke ist ein Eckpfeiler des Regelbruchs. Wer psychisch nicht stark ist, wird am Regelbruch im wahrsten Sinne des Wortes zerbrechen.

Aber was genau ist mentale Stärke eigentlich?
Mentale Stärke ist die Fähigkeit, im entscheidenden Moment unter den gegebenen Bedingungen die bestmögliche Leistung abzurufen. Dafür bedarf es maximaler Konzentration und der Fähigkeit, alle Störfaktoren und Ablenkungen mental auszublenden. Dem mentalen Bereich liegt dabei eine ganz einfache Erkenntnis zugrunde: Nämlich, dass wir unser Unterbewusstsein durch unsere Gedanken derart beeinflussen können, dass dadurch in unserem Kopf über Erfolg oder Misserfolg unseres Tuns entschieden wird.

Wir Menschen kommen zwar aus Gefühlen heraus erst ins Handeln, aber für unsere Gefühle sind unsere Gedanken verantwortlich. Es ist ein ganz einfaches Prinzip: Positive Gedanken sorgen für positive Gefühle und negative Gedanken für negative Gefühle. Wer morgens wach wird und niedergeschlagen ist, Ängste verspürt, Antriebsprobleme hat oder aber vor Motivation strotzt, hatte vorher einen Gedanken, der genau dieses Gefühl verursacht – und mit diesem Gefühl handeln wir.

Am Anfang von all dem, was wir machen, steht immer ein Gedanke, und dieser Gedanke hat Macht. Jeder kann es selbst ausprobieren: Laufe einmal über einen schmalen Schwebebalken in zwei Metern Höhe und lasse deinen Gedanken freien Lauf – wie du einen falschen Schritt machst, das Gleichgewicht verlierst, vom Balken fällst und auf den Boden aufschlägst. Hast du diese Gedanken, kommt die Angst. Dein Herz fängt an zu pochen, der Blutdruck steigt, Muskeln verspannen sich, jegliche Gelassenheit und Souveränität gehen von jetzt auf gleich verloren und die einfachsten Dinge gelingen nicht mehr. Von dem Moment an ist jeder Schritt ein absolutes Risiko.

Nimmt man die identische Ausgangssituation, nur dass der Balken diesmal auf dem Boden liegt, ändert sich der Ablauf radikal: Keine negativen Gedanken, keine Angst und der Balken wird ohne zu zögern überquert. Diese Differenz hat nicht etwa was mit der Höhe der Balken zu tun – diese Differenz ist Ausdruck einer unterschiedlichen mentalen Verfassung. Laufen wir über den Balken in zwei Metern Höhe, fangen wir ganz automatisch an nachzudenken, und die Gedanken sind selten positiv. Laufen wir über den Balken am Boden, haben wir die Gewissheit, dass uns nichts passiert, und schalten den Kopf aus. Dabei ist es genauso einfach, den Schwebebalken zu überqueren wie den Balken, der am Boden liegt. Was es so schwer macht, sind unsere Gedanken.

Doch was hat das Ganze mit Regelbruch zu tun?
Die zwei Balken sind lediglich eine Metapher. Der Balken am Boden steht für die stupide Befolgung von Regeln. Man befindet sich in seiner Komfortzone, wo das Grundbedürfnis Sicherheit oberste Priorität hat – Sicherheit, die in Regeln gefunden wird.
Der Schwebebalken symbolisiert den Regelbruch. Er findet außerhalb der Komfortzone statt. Das Risiko zu scheitern und negative Konsequenzen davonzutragen ist stark erhöht, der Ausgang ungewiss.
Genauso, wie viele Menschen mental nicht in der Lage sind, den Schwebebalken zu überqueren, sind sie es auch nicht, Regeln zu brechen. Nicht weil sie es nicht wollen, sondern weil sie außerhalb ihrer Komfortzone nicht handlungsfähig sind.

Vielen Menschen versagen in den entscheidenden Situationen die Nerven. Bei der alles entscheidenden Kundenpräsentation, dem Vortrag vor Investoren, dem Bewerbungsgespräch für den Traumjob oder eben dem Regelbruch. Die Gründe dafür sind schnell gefunden: »Ich hatte einen schlechten Tag.« Diese Begründung erfährt von der Mehrheit Akzeptanz, denn sie wird ähnliche Situationen erlebt haben und zu gleicher Erkenntnis gekommen sein. Was schön klingt, ist nicht mehr als eine Ausrede. Die unbequeme Wahrheit ist eine andere: Man hatte keinen schlechten Tag – man war nicht in der Lage, sein Leistungsvermögen abzurufen, und ist am inneren oder äußeren Druck zerbrochen. »Am Kopf gescheitert«, wie man so schön sagt. Diesem Druck sind Rulebreaker ganz besonders ausgesetzt. Die Erwartungshaltung an sie ist oftmals immens hoch. Dennoch schaffen sie es, mit diesem Druck umzugehen, ihn zu kanalisieren und in Energie umzuwandeln.

Aber wie machen sie das?
Sie arbeiten mit den richtigen Zielen. »Richtige Ziele« stehen hier als Synonym für Ergebnisziele und Handlungsziele. Diese beiden Ziele sind entscheidend für die mentale Verfassung.
Ergebnisziele sind objektive, quantitative und messbare Ausgänge. »Ich will den Kunden gewinnen« oder »Ich möchte dieses Jahr befördert werden«, um nur zwei Beispiele zu nennen. Ergebnisziele sind wichtig. Wir leben in einer ergebnisorientierten Welt und am Ende des Tages zählt immer nur das Ergebnis. Niemand wird mit Gratulationen und Jubelarien überhäuft, sollte er ein erhofftes Ergebnis nicht erreicht haben.
Hier wird der entscheidende Fehler begangen: Es wird sich zu sehr auf das Ergebnis fokussiert. Dieses Vorgehen führt zu innerem Druck, womit sich jeglicher Handlungsfreiheit beraubt wird. Mit jeder Situation, in der man sich von seinem Wunschergebnis entfernt, wird der Druck stärker. Irgendwann gesellt sich die Angst dazu, das Ergebnis gar nicht zu erreichen, und man ist nicht mehr in der Lage, sein volles Leistungsvermögen abzurufen. Teilweise wird der Druck so stark, dass er in einem regelrechten Blackout mündet.

Mental starke Menschen sind genauso ergebnisorientiert, legen aber nicht den Fokus darauf. Der eigentliche Antrieb für sie ist nicht die Freude am Ergebnis, sondern die Leidenschaft für das, was sie machen. Rulebreaker lieben es zu verändern, zu transformieren, zu zerstören, aufzubauen und Herausforderungen zu bewältigen. Diese Leidenschaft ist unabhängig vom Ergebnis.

In einem zweiten Schritt arbeiten sie mit Handlungszielen, die ihnen aufzeigen, wie sie ein Ergebnis herbeiführen können. Sie sind der Weg zum Ziel.
Handlungsziele sind leistungs- und verhaltensorientiert und obliegen unserer eigenen Kontrolle. Ergebnisziele hingegen liegen nur selten in unserer Hand. Genau darauf fokussieren sich mental starke Menschen: Auf das, was sie selbst beeinflussen können. Eine geringfügige Änderung des Fokus, aber die Auswirkungen sind enorm. Stell dir vor, du hast ein Verkaufsgespräch, das für dich und deinen Arbeitgeber immens wichtig ist. Der Kunde ist speziell und du weißt, dass er einen Hang zum Außergewöhnlichen hat. Deswegen entscheidest du dich, alle Regeln der strategischen Verkaufsführung zu brechen und anders an das Gespräch heranzugehen. Allein dadurch befindest du dich schon in einer mentalen Ausnahmesituation. Hast du dann noch ununterbrochen den Gedanken »Ich muss den Kunden gewinnen« im Kopf, kannst du das Gespräch und den Regelbruch vergessen. Der mentale Druck wird so stark, dass du eine schlechte Performance abliefern wirst. Gelingt es dir aber, diesen Gedanken durch erarbeitete Handlungsziele mental vollständig auszublenden, wirst du eine überragende Performance abliefern und wahrscheinlich den Kunden überzeugen.
Was nach einem einfachen Prinzip klingt, ist in Wirklichkeit ein Eckpfeiler mentaler Stärke. Die Bedeutung dieser Ziele ist für das Unterbewusstsein enorm. Wem es gelingt, Ergebnisziele durch Hand-

lungsziele mental auszublenden, der vermeidet mentalen Druck. Selbst wenn Situationen kommen, die einen vom eigentlichen Ergebnis entfernen, bleiben die definierten Handlungen gleich. Man bleibt ruhig und konzentriert sich auf das, was aktiv beeinflusst werden kann.

Chesley Sullenberger wäre mit Sicherheit nicht in der Lage gewesen, den voll besetzten Airbus A320 auf dem Hudson zu landen, wenn er sich nur auf das Ergebnisziel »nicht abstürzen« konzentriert hätte. Das Ergebnis war klar, was er brauchte, war ein Plan – und den hatte er. Für solche Szenarien gibt es Ablaufpläne, die die Piloten in Simulatoren regelmäßig trainieren. Er wusste, was zu tun ist, konzentrierte sich darauf und tat es.

Ein weiterer Punkt im mentalen Training ist die Gedankensteuerung. Uns Menschen ist es nur möglich, maximale Leistung zu erbringen, wenn wir gedanklich zu hundert Prozent bei dem sind, was wir gerade machen. Auch das ist für den Regelbruch eine wichtige Erkenntnis. Negative und ablenkende Gedanken sind fatal und minimieren unsere Leistungsfähigkeit.

Wissenschaftler und Quantenphysiker haben herausgefunden, dass jeder Mensch sechzigtausend Gedanken am Tag hat. Entscheiden, welche Gedanken in unser Bewusstsein kommen, können wir nicht. Besonders negative Gedanken kündigen sich vorher nicht an. Sie kommen einfach, auf brutale Art und Weise. Dem sind wir hilflos ausgeliefert. Aber – und das ist das Entscheidende – wir können immer entscheiden, welche dieser Gedanken wir zu Ende denken und welche nicht. Das lässt sich trainieren. Haben wir einen negativen Gedanken, müssen wir ihn umgehend abbrechen und durch einen positiven ersetzen. Je öfter das gemacht wird, desto positiver wird die Gesamtheit der eigenen Gedanken.

Positives Denken ist für eine starke Psyche Grundvoraussetzung. Du hast es zu Beginn des Kapitels schon gelesen: Jeder Gedanke hat Macht und mit dieser Macht können wir spielen. Das bedeutet ganz konkret: Erfolge werden mental durchlebt, bevor sie tatsächlich da sind. Was auf den ersten Blick verrückt klingt, ist das Fundament mentaler Stärke. Dem liegt eine psychologisch-wissenschaftliche Erkenntnis zugrunde: Unser Körper macht nur das, was unser Kopf ihm sagt. Vor einigen Jahren gab es ein hochinteressantes Experiment, das ausführlich im renommierten »Journal of Neuropsychology« beschrieben wurde (Clark/Mahato/Nakazawa/Law/Thomas 2014: 12). Dabei wurden drei Gruppen für eine Versuchsdauer von vier Wochen getestet. Die Teilnehmer der ersten Gruppe hatten die Aufgabe, den kleinen Finger anhand einer bestimmten Übung physisch anzuspannen. Gruppe zwei sollte exakt die gleiche Übung nicht physisch ausführen und in Gedanken visualisieren. Gruppe drei war lediglich eine Kontrollgruppe und machte gar nichts von beidem.
Nach der Versuchsdauer von vier Wochen hatten die Teilnehmer der ersten Gruppe im kleinen Finger einen Kraftzuwachs von dreißig Prozent. Gruppe zwei, die ausschließlich visualisierte, hatte einen Kraftzuwachs von zweiundzwanzig Prozent. Gruppe drei, die gar nichts von beidem machte, hatte einen Kraftzuwachs von null Prozent.

Das Ergebnis ist umso erstaunlicher, wenn man sich vor Augen hält, dass Gruppe zwei im wahrsten Sinne des Wortes nicht einen Finger krumm gemacht hat. Und die Bedeutung des Experiments ist klar: Das Gehirn kennt nicht den Unterschied zwischen dem, was wir uns nur in Gedanken ausmalen, und dem, was wir tatsächlich körperlich ausführen.

Es gibt eine gute und eine schlechte Nachricht. Die gute: Jeder von uns beherrscht die Strategie der Visualisierung nahezu perfekt. Die schlechte Nachricht: Die meisten setzen sie ausschließlich zu ihrem Nachteil ein. Wie oft hast du dir vor wichtigen Situationen oder Herausforderungen schon mal vorgestellt, was alles schieflaufen kann? Es wird gedanklich das absolute Worst-Case-Szenario durchgespielt und man schaut sich selbst beim Scheitern zu, ähnlich wie zu Beginn des Kapitels auf dem Schwebebalken stehend. Und dann wundern wir uns, dass es auch genauso kommt. Bestätigung finden wir in der Aussage: » Ich habe es ja gewusst.«
Negative Denkmuster, allen voran Worst-Case-Szenarien, sind tödlich – ganz besonders vor dem Regelbruch. Wer sich hier gedanklich nur mit dem Scheitern auseinandersetzt, hat bereits entschieden, mit dem Regelbruch zu scheitern. Wer sich allerdings auf den erfolgreichen Regelbruch konzentriert und die positiven Veränderungen, die aus diesem resultieren, visualisiert, der erhöht die Wahrscheinlichkeit des erfolgreichen Regelbruchs um ein Vielfaches. Ein erfolgreicher Regelbruch bedarf erfolgreicher Gedanken.

20.
Alles hat seinen Preis – auch der Regelbruch

»Ich habe gegen weiße Vorherrschaft gekämpft und ich habe gegen schwarze Vorherrschaft gekämpft. Ich habe das Ideal der Demokratie und der freien Gesellschaft hochgehalten, in der alle Menschen in Harmonie und mit gleichen Chancen zusammenleben. Das ist ein Ideal, für das ich zu leben und zu verwirklichen hoffe. Doch, Euer Ehren, wenn es sein soll, bin ich auch bereit, für dieses Ideal zu sterben.«

Nelson Mandela

Nelson Mandela hatte einen Traum. Er wollte soziale und wirtschaftliche Gleichheit für dreißig Millionen schwarze Südafrikaner. Für diesen Traum brach er Regeln und Gesetze. Heute gilt er als Legende im Kampf gegen die Apartheid und als einer der tapfersten Widerstandskämpfer überhaupt. Mandela hatte ein Ideal, nach dem es sich zu streben lohnte. Für seine Regelbrüche zahlte er einen hohen Preis, der sich am Ende gelohnt hat. Siebenundzwanzig Jahre saß er für seine Überzeugungen im Gefängnis und ebnete danach als erster schwarzer Präsident Südafrikas den Weg für ein Leben ohne Rassentrennung.

Kremlkritiker Alexej Nawalny wurde 2020 vom russischen Geheimdienst vergiftet und überlebte nur knapp den Anschlag. Nach seiner Behandlung in Deutschland in der Charité Berlin war es sein ausdrücklicher Wunsch, wieder nach Russland zurückzukehren – wohl wissend, dass ihn in Russland Straflager und Folter erwarten. Aktuell wird er in einem der härtesten Straflager der Welt gefangen gehalten und kämpft täglich ums Überleben.

Dumm? Naiv? Selber schuld? Solche Gedanken hat man schnell im Kopf, wenn man diese Geschichte hört, aber sie sind zu einfach. Nawalny möchte Putin und sein Regime stürzen. Er träumt von einem neuen Russland. Wäre er nicht zurück nach Russland gegangen, hätte er außerhalb Russlands im Exil leben müssen, was gleichbedeutend mit dem Ende seines politischen Kampfes gegen Putin gewesen wäre. Doch sein Ziel ist größer und für dieses Ziel ist er bereit, einen hohen Preis zu bezahlen. Ob er sich lohnt? Ungewiss!

Die Regelbrüche von Nelson Mandela und Alexej Nawalny sind extrem und zudem politisch motiviert, treffen aber dennoch den Kern eines Rulebreakers. Sie brechen nicht immer nur Regeln der Gesellschaft, eines Unternehmens oder des Marktes, manchmal wird auch das Establishment angegriffen. In dem Fall haben sie ein Feindbild vor Augen, gegen das es sich zu kämpfen lohnt. Diese Art von Regelbrechern haben wir auch in Deutschland, nur leider wird wenig über sie berichtet.

Georg Thiel saß sechs Monate in der Justizvollzugsanstalt Münster. Sein Delikt: Er weigert sich, den Rundfunkbeitrag an den Westdeutschen Rundfunk (WDR) zu bezahlen. Da er weder Radio noch TV nutzt, sieht er dazu keine Veranlassung, wenngleich er per Gesetz dazu verpflichtet ist. 1.827 Euro ist er mit den Gebühren rückständig und wurde mehrmals vom WDR gemahnt. Auch wurde er darüber in Kenntnis gesetzt, dass bei ausbleibender Zahlung eine Gefängnisstrafe droht. Interessiert hat ihn das nicht. Er blieb seiner Überzeugung treu und lehnt sich gegen das System auf, denn er empfindet Unrecht – ein echter Rulebreaker eben.

Genau diese Menschen sind es, die wirklich etwas verändern können, die den positiven Unterschied machen können, wovon wir alle als Teil einer Gesellschaft profitieren. Ob Thiel mit seinem Kampf gegen den WDR Veränderungen erreicht, ist ungewiss, so wie jeder Regelbruch.

Interessanter Fakt am Rande: Der WDR muss die Gefängniskosten für Thiel tragen. Sie belaufen sich auf über 24.000 Euro.

Ich bin mir sicher, dass viele Menschen die Gründe von Georg Thiel nachvollziehen können. Sonst würden aktuell nicht 17,66 Millionen Mahnmaßnahmen ohne Vollstreckungen laufen (Statista 2021). Vielleicht spricht er ihnen sogar aus dem Herzen. Und doch folgen knapp 46 Millionen Haushalte in Deutschland den Regeln, indem sie die Beiträge zahlen. Was sie vom Regelbruch abhält: Der Preis! Nicht der Preis der Rundfunkgebühren, sondern der Preis des Regelbruchs.

Mandela zahlte den Preis mit siebenundzwanzig Jahren Gefängnis, Nawalny mit einer Inhaftierung im russischen Straflager und Georg Thiel ebenfalls mit Freiheitsentzug. Sie sind bereit, für ihre Ansichten einzustehen. Ihr Drang nach Veränderung und Gerechtigkeit sowie der Wille, den Kampf gegen das Establishment zu gewinnen, sind größer als mögliche Sanktionen. Damit möchte ich keinesfalls sagen, dass der Preis des Regelbruchs immer Freiheitsentzug ist. Das sind absolute Ausnahmen und davon sind nur Rulebreaker betroffen, die Gesetze brechen und das Establishment angreifen. Und dennoch gibt es Parallelen zu jedem Regelbruch, denn selbst der kleinste hat seinen Preis.

Wie weit bist du bereit, für deine Vision oder deine Ansichten zu gehen?
Diese Frage gilt es zu beantworten. Was genau ich damit meine und welchen Preis es in der Regel zu zahlen gilt, möchte ich dir in einem persönlichen Beispiel zeigen: Vor einigen Jahren war ich zu einer Hochzeit von Freunden meiner Lebensgefährtin eingeladen. Der Dresscode für die männlichen Gäste war mit Sakko-Pflicht vorgegeben. Für eine Hochzeit keineswegs ungewöhnlich und dennoch ein Problem für mich: Ich trage keine Sakkos. Ich fühle mich darin nicht wohl, weswegen ich eine Weste bevorzuge. Mir sind Werte wie Authentizität sehr wichtig. Ich verbiege mich weder für andere Menschen noch muss ich deren Erwartungen entsprechen. Was also tun: Sich selbst treu bleiben oder die Erwartungen des Hochzeitspaares mit der vorgegebenen Kleiderregel erfüllen?

Ich blieb mir selbst treu, brach die Dresscode-Regel und zog vom ersten Moment an die entsetzten Blicke der anderen Gäste auf mich. »Wie kann er es wagen ohne Sakko zu kommen. Wieder so einer, der auffallen möchte.«
So oder so ähnlich werden die Gedanken vieler gewesen sein. Man konnte es in den verständnislosen Gesichtern der meisten Gäste sehen, gesagt hat es natürlich niemand, dafür fehlte der Mut. Gut möglich, dass es noch andere Gäste gab, die normalerweise kein Sakko tragen. War dem so, haben sie sich dazu entschieden, die Erwartungen des Brautpaares zu erfüllen und von den anderen Gästen soziale Akzeptanz zu erhalten.

Zahlreiche Regeln, ganz besonders ungeschriebene Regeln, werden aus Angst vor sozialen Sanktionen befolgt. Bricht man diese Regeln, kann das schnell zu sozialer Ablehnung führen. Es ist das oberste Ziel der Masse, von ihrem Umfeld akzeptiert und gemocht zu werden. Diese Akzeptanz kann häufig nur erlangt werden, wenn man sich verbiegt und seine Ansichten außen vor lässt. Das führt dazu, dass vorgegebene Regeln entgegen den eigenen Überzeugungen befolgt werden.

»Jeder Regelbruch hat einen Preis«, diese Regel kann nicht gebrochen werden. Entscheiden wir uns für etwas, entscheiden wir uns gleichzeitig gegen etwas. Ich entschied mich für meine Werte und damit gleichzeitig gegen die Akzeptanz anderer. Als ich mit einer Weste auf der Hochzeit erschien, wurde ich automatisch von den anderen Gästen ausgegrenzt, denn niemand hatte Verständnis dafür.

Vielleicht habe ich sogar das Brautpaar gekränkt, was natürlich nie meine Absicht war. Sollte es dennoch so sein, kann ich mich noch nicht einmal entschuldigen, denn es tut mir nicht leid. Vielleicht denkst du jetzt »Was für ein Ekel«, aber diese Betrachtungsweise ist zu undifferenziert. Ich habe eine Entscheidung getroffen und war bereit, den Preis zu zahlen. Stoße ich andere damit vor den Kopf, muss ich das akzeptieren, aber ich selbst kann mir stets in die Augen schauen.

Ein erhöhtes Risiko, andere Menschen zu brüskieren, zu kränken, emotional zu verletzen, zu ärgern oder ihre Meinung zu ignorieren, liegt in der Natur des Regelbruchs. Dieses Risiko führt bis hin zu sozialer Ausgrenzung und Verstoßung. Auch hier müssen wir uns fragen: Bin ich bereit, diesen Preis zu zahlen?

Bevor man sich selbst diese Frage beantwortet, sollte ein entscheidender Punkt berücksichtigt werden: Wer andere Menschen mit Regelbrüchen verletzt, macht das selten primärmotiviert, sondern sekundärmotiviert. Wer seinen Partner betrügt, entscheidet sich nicht bewusst dafür, ihn zu schädigen. Primär ist man auf der Suche nach einem sexuellen Abenteuer. Erst die Konsequenz dieses Verhaltens ist das emotionale Verletzen des Partners. Es ist der Preis des Abenteuers. Gleiches gilt für Raucher: Sie wissen, dass Rauchen krank macht, hoffen aber, dass sie es nicht werden. Sie ignorieren die Konsequenzen. Jetzt mag der eine oder andere sagen, dass Raucher süchtig sind und der Vergleich hinkt. Tut er nicht: Jeder Raucher hat irgendwann mal angefangen zu rauchen, und da war er noch nicht süchtig. Er hat eine Entscheidung für die Sucht und gegen die Gesundheit getroffen. Wir gehen gerne mit einer gewissen Ignoranz durchs Leben und sind der Meinung, dass wir den Preis nicht zahlen müssen oder es gar keinen Preis gibt.

Wie steht es zum Beispiel um die sozialen Folgen der Einschränkungen durch die Coronapandemie?
Ich bin mir nicht sicher, ob sich die Bundesregierung Gedanken darüber gemacht hat. Besonders, wenn man sich die Schulschließungen und den Umgang mit den jüngeren Generationen anschaut. Vielleicht hat die Regierung aber auch abgewägt und war bereit, negative soziale Folgen als Preis zu bezahlen.

Grundsätzlich ist es ein Phänomen von uns Menschen, dass wir wissen, dass es einen Preis zu zahlen gibt, ihn aber ignorieren – in der Hoffnung, dass er niemals zu bezahlen ist. Dann muss er bezahlt werden und wir fragen uns, warum er denn so hoch sei und wie wir ihn bezahlen sollen. Wir wissen, dass gesunde Ernährung und regelmäßiger Sport gesundheitsfördernd sind und so zahlreiche Krankheiten im fortgeschrittenen Alter vermieden werden können. Dennoch vergiften wir uns mit Fast Food und Süßigkeiten und sind zu faul für sportliche Aktivitäten. Mit der Zeit kommen die ersten gesundheitlichen Probleme und wir fragen uns: »Warum ausgerechnet ich?« Genau hier ist die zuvor erwähnte Ignoranz zu finden – und auch die hat ihren Preis. Da sich in unserer Gesellschaft der Glaubenssatz manifestiert hat, dass es normal ist, im Alter krank zu werden, finden wir immerhin Akzeptanz. Wieder so ein Punkt, wo das Kollektiv irrt.

Rulebreaker beschäftigen sich vor dem Regelbruch intensiv mit dem zu zahlenden Preis. Die gewonnen Erkenntnisse aus ihren Überlegungen nehmen sie als Bewertungsgrundlage für oder gegen den Regelbruch. Es ist völlig legitim, den Preis als zu hoch einzuschätzen und ein Vorhaben deswegen nicht umzusetzen. »Erst denken, dann handeln«, dieser Regel gilt es vor dem Regelbruch zu folgen.

Du möchtest diesen Preis nicht zahlen?
Noch weniger möchtest du andere Menschen brüskieren oder emotional verletzen?

Das sind nachvollziehbare Gründe, aber nur auf den ersten Blick. Auf den zweiten Blick ist auch diese Argumentation zu undifferenziert. Die Wirtschaftswelt zeigt, warum: In der Wirtschaft wird oftmals mit härteren Bandagen gekämpft. Hier geht es häufig sehr wohl darum, anderen gezielt und bewusst zu schaden, nämlich der Konkurrenz. In konkurrenzintensiven Märkten wird um Marktanteile gekämpft. Möchte man welche gewinnen, muss man sie der Konkurrenz wegnehmen. Dafür sind Strategien zur Schwächung der Konkurrenz nur wünschenswert. Die ERGO Direkt Versicherung (2019 wurde im Zuge der Zusammenlegung von Marken und Vertrieb ERGO Direkt in die Marke ERGO integriert) brachte vor einigen Jahren eine Zahnzusatzversicherung auf den Markt, was für ein Unternehmen, dessen Kerngeschäft Versicherungen sind, nichts Besonderes ist. Allerdings brach die ERGO Direkt mit dieser Versicherung alle Regeln des Marktes. Nicht nur das: Man brach mit dem ganzen Konzept Versicherung.

Stell dir vor, du gehst zum Zahnarzt und erfährst, dass du ein Keramik-Inlay brauchst. Eine kostspielige Behandlung, bei der du den größten Teil selbst bezahlen musst. Jetzt bietet dir der Zahnarzt, überspitzt gesagt: direkt auf dem Behandlungsstuhl, eine Zahnzusatzversicherung an, von der alle Kosten übernommen werden. Du hast die Option, dich nach einem Schadensfall noch gegen den Schaden abzusichern. Für Versicherungskunden ein lukratives Angebot, wo das Konzept »Versicherung« doch vorsieht, sich vor möglichen Schäden im Vorhinein zu versichern, quasi als Spekulation. Selbst dann ist die Versicherung oftmals an Wartezeiten gebunden, bevor der Versicherungsschutz vollumfänglich greift. Die ERGO Direkt sah das anders, brach die Regeln und bot eine Versicherung nach Auftreten eines Schadens an. Wer schließt da noch eine Zusatzversicherung bei der Konkurrenz ab, ohne sie aktuell zu brauchen?
Man verschaffte sich am Markt einen erheblichen Wettbewerbsvorteil und schwächte gleichzeitig die Konkurrenz, indem man deren Produkte für Kunden unattraktiv machte.

Nun aber zu dem Grund, warum die Argumentation »Ich breche keine Regeln, weil ich niemandem schaden möchte« nicht greift: Wir kämpfen tagtäglich in unserem Leben mit ähnlich harten Bandagen wie Wirtschaftsunternehmen gegen die Konkurrenz. Wir nehmen das nur nicht mehr wahr, weil wir es von klein auf gewohnt sind. Bereits in der Schule versucht man, sich durch Noten von seinen Mitschülern zu distanzieren. Man strebt einen guten Schulabschluss an, um beste Voraussetzungen für den Berufseinstieg zu haben und sich gegen schlechtere Schüler durchzusetzen. Es ist ein Wettbewerb, der sich immer weiter fortsetzt. Wer sich auf einen Job bewirbt, tritt automatisch gegen andere Bewerber an und befindet sich ebenfalls in einem Wettbewerb. Einer kann gewinnen, viele andere werden verlieren. In diesem Wettbewerb ist man bestrebt, sich so gut wie möglich zu präsentieren. Man versucht etwas zu finden, was andere nicht haben, um sich dadurch einen Vorteil zu verschaffen.

Mal angenommen, du bekommst den Job: Hast du anderen dadurch einen Schaden zugefügt?

Natürlich nicht!
Oder vielleicht doch?
Wer sagt, dass die Mitstreiter nicht aktuell arbeitslos sind und den Job dringend gebraucht hätten, um finanziell überleben zu können? Das mag weit hergeholt sein, aber ausschließen können wir es nicht.

Das Leben ist, ob wir wollen oder nicht, ein Wettbewerb, in dem wir uns immerzu mit anderen messen und gegen andere behaupten müssen. Wollen wir uns einen Vorsprung verschaffen, geht das oftmals nicht ohne »Kampf«. Dabei nehmen wir es auch in Kauf, anderen zu schaden, nur sehen wir das nicht mehr, weil es selbstverständlich geworden ist. So funktioniert das Prinzip Wettbewerb und das Prinzip Leben.
Ob es nun der Kampf um einen Job, Anerkennung, einen potenziellen Partner oder Marktanteile ist: Wir stehen immer im Wettbewerb zueinander. Jeder versucht, für sich das Bestmögliche herauszuholen. So wie wir den freien Wettbewerb auf Märkten brauchen, brauchen

wir ihn auch in unserem Leben. Und wo Wettbewerb ist, wird eben auch »gekämpft«. Wir dürfen guten Gewissens unsere eigenen Interessen über die Interessen anderer stellen. Zu oft sind wir bestrebt, es allen anderen recht zu machen, und opfern dafür uns selbst. Es ist ein Grundbedürfnis eines jeden Menschen, geliebt zu werden. Nur müssen wir erkennen, dass wir nicht von allen geliebt und gemocht werden können. Es ist unmöglich, es allen recht zu machen. Diesem Anspruch kann niemand gerecht werden, deswegen versuchen Rulebreaker es gar nicht erst. Viele Menschen hingegen verschwenden ihr ganzes Leben bei dem Versuch, anderen zu gefallen. Sie haben den Glaubenssatz, unzureichend zu sein, setzen sich Masken auf und versuchen, jemand zu sein, von dem sie glauben, dass diese Person akzeptiert wird. Die wenigsten geben sich so, wie sie sind.
Dabei geht es um unser Glück, um unsere Ziele und um unsere Absichten. Klingt egoistisch? – Das ist es auch.
Rulebreaker sind egoistische Menschen. Allerdings meine ich damit nicht den negativen Egoismus. Sie sind nicht narzisstisch veranlagt und sind auch nicht ausschließlich auf sich selbst bedacht. Ich meine vielmehr den gesunden Egoismus. Es ist nicht so, dass Regelbrecher nicht am Wohlbefinden ihrer Mitmenschen interessiert sind. Das sind sie zweifelsohne. Nur stellen sie das Glück anderer nicht über ihr eigenes Glück. Zumindest nicht bei den wichtigen Dingen des Lebens.
Zu oft wird erwartet, dass wir für das Glück anderer die Verantwortung übernehmen. Dabei steht jeder selbst für sein Glück in der Verantwortung. Das zu beanspruchen hat immer einen Preis.
Bist du bereit, ihn zu bezahlen?

21.

Muss etwas so sein? Regeln kritisch hinterfragen

Die beiden Freunde Martin und Paul wollen gemeinsam das Finale der UEFA Champions League anschauen. Sie treffen sich im örtlichen Biergarten, wo das Spiel auf einer großen Leinwand übertragen wird. Dort angekommen, bestellen sie jeweils ein Bier und stoßen gemeinsam auf den Fußballabend an. Schnell ist das erste Glas leer und ein zweites wird umgehend geordert. Im Laufe des Abends bekommt Martin Lust auf einen Gin Tonic. Paul hingegen hat keine Lust auf »härteren« Alkohol. Lust hat er auf etwas anderes: einen Cannabis-Joint – den hat er sich zu Hause in die Jackentasche gesteckt. Während Martin genussvoll einen gekühlten Gin Tonic trinkt, zündet Paul sich einen Joint an und nimmt die ersten Züge.

Die ersten Gäste an den Nachbartischen, viele selbst mit einer Zigarette in der Hand, fühlen sich von dem vermeintlichen Drogenkonsum neben ihnen gestört. Schnell ist der Chef des Biergartens informiert. Wutentbrannt stürmt er zu Martin und Paul, informiert sie verärgert darüber, dass Drogen hier nicht toleriert werden, und bittet sie höflich, aber direkt, den Biergarten zu verlassen. Der Fußballabend nimmt für Martin und Paul ein jähes Ende.

Per Definition sind Alkohol und Cannabis beides Drogen. Alkohol ist ab dem achtzehnten Lebensjahr bei uns frei zugänglich und kann in beliebigen Mengen gekauft werden. Bier, Wein, Sekt und andere Getränke, bei denen der Alkohol durch Gärung entsteht und die dadurch einen niedrigeren Alkoholgehalt haben, dürfen schon ab dem sechzehnten Lebensjahr konsumiert werden. Viel stärker einschränkend ist die gesetzliche Situation bei Cannabis. Der eigentliche Konsum von Cannabis ist in Deutschland zwar nicht strafbar, wohl aber sind Anbau, Herstellung, Handel, Import, Export, Abgabe, Veräußerung oder sonstiger Erwerb der Droge verboten.

Doch ist das richtig? Alkohol ist dem menschlichen Körper von Natur aus völlig fremd. Zellen und Gewebe werden direkt durch Alkohol geschädigt. Unsere zentralen Körperfunktionen wie Atmen, Herzfrequenz oder Blutdruck werden im Hirnstamm reguliert. Wird zu viel Alkohol getrunken, kann er den Hirnstamm so stark schädigen, dass die Atmung aussetzt – so geschehen bei Alkoholvergiftungen mit tödlichem Verlauf. Auf den Punkt gebracht bedeutet das: Wer zu viel Alkohol trinkt, kann sterben.
Cannabinoide wirken im Gehirn anders als Alkohol, nämlich als Botenstoffe. Unser Hirnstamm verfügt nur über eine geringe Anzahl an sogenannten Cannabinoid-Rezeptoren, die unsere Grundfunktionen gefährden könnten. Deswegen ist es so gut wie unmöglich, an einer Überdosis Cannabis zu sterben. Bisher gibt es daher auch weltweit keinen wissenschaftlich nachgewiesenen Todesfall durch Cannabis.

Anders beim Alkohol: Laut der Weltgesundheitsorganisation (WHO) sterben jährlich durchschnittlich drei Millionen Menschen weltweit durch den Konsum von Alkohol. In der Summe sind das mehr als durch Aids, Gewalt und Verkehrsunfälle zusammen (Maibach-Nagel 2018). Jeder zwanzigste Todesfall ist auf Alkohol zurückzuführen. In Deutschland sterben darüber hinaus im Schnitt vierundsiebzigtausend Menschen pro Jahr an den Folgen von Alkohol.

Der britische Psychiater und Psychopharmakologe David Nutt vom Imperial College London hat mit einem Team von Wissenschaftlern 2010 einen systematischen Vergleich zum Schadenpotenzial der zwanzig häufigsten Drogen erstellt. Hierfür wurden insgesamt sechzehn Kriterien definiert. Ziel war es, das Eigen- und Fremdschädigungspotenzial der enthaltenen Substanzen zu beziffern. Hierzu zählte beispielsweise, wie abhängig eine Droge macht und welche Auswirkungen auf die Gesundheit oder auch das soziale Umfeld sie hat. Alkohol lag mit Abstand auf Platz eins der schädlichsten Drogen, weit vor Heroin und Crack. Cannabis kam abgeschlagen auf den achten Platz (Van de Camp 2019).
Vermutlich, weil schon die Germanen Met getrunken haben und der Weinanbau eine bis in die Römerzeit zurückreichende Tradition hat, ist keine andere Droge kulturell so sehr akzeptiert wie Alkohol. Sie ist gesellschaftsfähig und in der Vorstellung vieler Menschen nicht einmal eine Droge. Wer mit Kollegen nach Feierabend ein Bier trinken geht und sagt, dass er keinen Alkohol trinkt, wird schnell schief angeguckt. Vom Sektfrühstück bis zum Feierabendbier ist es sehr schwer, den Konsum abzulehnen.

Werden die nackten Fakten über Alkohol und Cannabis betrachtet, sprechen sie eine klare Sprache: Alkohol kann tödlich sein, Cannabis nicht.

Das als Grundlage genommen, drängen sich zwangsläufig zwei Fragen auf: Warum ist bei dem heutigen Wissensstand Alkohol noch frei zugänglich und Cannabis immer noch nicht? Warum ist regelmäßiger Alkoholkonsum gesellschaftsfähig, das Rauchen von Cannabis hingegen ein gesellschaftliches No-Go? Mein Ziel an dieser Stelle ist es nicht, für den Drogenkonsum zu sensibilisieren, und erst recht nicht, für den Konsum von Cannabis zu werben. Der Punkt, um den es geht, ist: Regeln und Normen müssen nicht richtig oder gut für uns sein. Es lohnt sich, Regeln kritisch zu hinterfragen.
Viel zu schnell wird akzeptiert, was der Staat oder andere Autoritäten vorgeben oder die Gesellschaft vorlebt. Nur die wenigsten hinterfragen den Sinn von Regeln.

Wir sollten es uns bei jeder Regel zur Gewohnheit machen, die Frage zu stellen: »Warum ist das so?«
Wir sind, was diese Frage angeht, fauler und bequemer, als es gut für uns ist. Oftmals wollen wir die Antworten oder die Fakten gar nicht wissen. Sie könnten unbequem sein. Lieber geht der bequeme Mensch Unannehmlichkeiten aus dem Weg, indem er blindlings macht, was vorgegeben wird. Gemäß dem Motto: Die werden schon wissen, was gut für mich ist. Nur was ist, wenn sie es nicht wissen? Was ist, wenn Regeln von Menschen kommen, die ganz eigene Interessen verfolgen?

Das Verbot von Cannabis ist ein kollektiver Irrweg. Ein Irrweg, den die breite Masse bei einer Vielzahl von Regeln geht. Nur weil etwas in einer Gesellschaft vorgelebt wird, heiß das nicht, dass es auch richtig und nützlich ist.

Würden wir tatsächlich ernsthaft hinterfragen, warum Alkoholkonsum erlaubt und Cannabiskonsum verboten ist, würden wir auf interessante Fakten stoßen. Die Entscheidungsgrundlage, ob eine Droge legalisiert wird oder nicht, basiert nicht auf wissenschaftlichen Studien, im Vordergrund stehen vielmehr wirtschaftliche Interessen. 3,165 Milliarden Euro nimmt der Staat im Schnitt durch die Alkoholsteuer ein (Van de Camp 2019) und fast vierzig Milliarden Euro werden in Deutschland nur mit alkoholischen Getränken von Bier über Wein bis Wodka umgesetzt. Man muss sich nur einmal vorstellen, was für ein finanzielles Loch ein Alkoholverbot in die Staatskasse reißen würde und wie viele Unternehmen und Beschäftigte dann um ihre Existenz fürchten müssten. Ähnliches gilt für den Zigarettenkonsum: 121.000 Menschen sterben jährlich in Deutschland an den Folgen des Rauchens (Maibach-Nagel 2019). Laut Statista wurden 2020 vom Staat 14,7 Milliarden Euro durch die Tabaksteuer eingenommen (Rudnicka 2021).

Wird dieses Vorgehen in der Gesellschaft hinterfragt? Nein. Wir haben unsere Regeln und die werden akzeptiert. Das führt oftmals zu falschen Annahmen und Glaubenssätzen. Ein großer Teil der Bevölkerung ist nach wie vor noch der Meinung, Cannabis sei gefährlicher als Alkohol. Deswegen ist »kiffen« nicht gesellschaftsfähig. Diese Meinung entsteht einerseits durch blinde Regelbefolgung, andererseits durch mangelnde Bereitschaft, Regeln zu hinterfragen. Die genannten Zahlen sind frei zugänglich und so gut wie jeder wird die Bedeutung dieser Zahlen selbst richtig interpretieren können. Anstatt das zu machen, wird weggeschaut und nach dem Motto »Das war schon immer so« weitergelebt.

Das Beispiel »Alkohol und Cannabis« ist aber nicht mehr als eine Metapher, die auf zahlreiche andere Regeln übertragbar ist. Ganz besonders auf die klassischen, limitierenden »Das geht nicht«-Regeln.

Warum geht das nicht?
Wer sagt, dass das nicht geht?
Auf welcher Grundlage basiert diese Entscheidung?

Wer diese Fragen stellt, wird Antworten finden. Antworten, die oftmals das Potenzial haben, Regelbrüche anzustreben und Veränderungen herbeizuführen.
Wir müssen stärker wagen, zu hinterfragen, und zwar die großen Lebensregeln wie auch die kleinen ungeschriebenen Regeln – bis hin zu unseren eigenen Gewohnheiten.

Viele Menschen sind davon überzeugt, dass Fernsehen entspannend ist. Eine Studie der Johannes Gutenberg-Universität in Mainz ist zu dem Ergebnis gekommen, dass wir uns durchs Fernsehen schuldig fühlen und nicht entspannen können. Man fühlt sich ertappt (Huber 2014). Denn es wurde wertvolle Zeit verschwendet. Man hätte durchaus am Abend etwas Sinnvolleres machen können. Zum Beispiel etwas, das einen im Leben wirklich weiterbringt. Oder man hätte einfach statt fernzusehen zweimal in der Woche spazieren gehen können. Das würde der eigenen Gesundheit und Entspannung sehr zuträglich sein. Nur weil wir meinen, beim Fernsehkonsum entspannen zu können, heißt das nicht, dass wir es auch tatsächlich tun.

Hinterfrage! Ist das wirklich so?
Lies Studien, Erfahrungsberichte und mache den Selbstversuch. Warum nicht mal eine Woche auf die abendlichen Serien verzichten und etwas ausprobieren, von dem man meint, dass es ebenfalls entspannend wirkt?

Hinterfragen bedeutet kritisch zu denken. Das ist eine Fähigkeit, die vielen abhandengekommen ist. Wir sehen es seit Jahren beim Thema Fake News. Solche Inhalte werden zu wenig hinterfragt, aber zu oft akzeptiert. Problematisch ist es, wenn diese adaptierten Informationen weiterverbreitet werden. Dann treffen die Informationen auf viele andere, die ebenfalls nicht hinterfragen. Und schon sind Dinge verbreitet, die unwahr und falsch sind, sich aber zu Glaubenssätzen manifestieren. Diese Vorgehensweise wird auch »fremdbestimmtes Denken« genannt. Die eigene Wahrnehmung und die Auffassung von Informationen sind durch das Umfeld geprägt. Man glaubt das, was andere sagen. Das führt dazu, dass wir in unserem ganzen Denken festgefahren sind.
Natürlich wird uns durch die Fülle an Informationen das Leben sehr schwer gemacht. Allein durch das Internet lässt sich zu so ziemlich jedem Thema eine unglaubliche Menge an Informationen und Daten zusammentragen.

Rulebreaker haben die entscheidende Fähigkeit, aus diesen Unmengen an Informationen die richtigen und wichtigen zu erkennen. Wer aus einem Pool an Informationen die richtigen Schlüsse ziehen will, der muss hinterfragen und kritisch denken. Erst dann kann man sich eine Meinung bilden und die richtigen Entscheidungen treffen. Wer sich keine eigene Meinung bildet, handelt oftmals nach Vorurteilen und der Meinung anderer.

Erinnerst du dich noch an Christoph Heuermann – der deutsche Einkommensmillionär, der noch nie einen Cent Steuern an den Staat bezahlt hat?
Für viele steht fest, dass Heuermann ein Steuersünder ist. Man selbst zahlt Unmengen an Steuergeldern und dann gibt es jemanden, der es nicht macht. Also muss es illegal sein. Alles, was Heuermann macht, ist legal. Er nutzt einfach nur eine Lücke im System, und das völlig rechtens. Das wollen die meisten von uns nicht einsehen, denn das würde ja bedeuten, dass wir selbst auch steuerfrei leben könnten.

Es ist das gleiche Prinzip wie mit Alkohol und Cannabis. Alkohol darf in der Öffentlichkeit konsumiert werden, Cannabis nicht. Grund dafür ist unser festgefahrenes Denken. Wir sind gefangen in Denkmustern und leben nach Regeln, die man irgendwann mal aufgestellt hat, die ihre Daseinsberechtigung aber verloren haben. Man ist überzeugt davon, dass die breite Masse schon wissen wird, was richtig ist. Genau hier ist das Problem: Sie weiß es eben nicht, zumindest nicht immer – weil sie nicht hinterfragt. Deswegen gibt es immer Vorreiter, die genau das machen. Es bedarf einiger Mutiger, die es wagen,

Regeln zu hinterfragen, zu ignorieren und konsequent zu brechen. So wie Nelson Mandela, der die Apartheidsgesetze gebrochen und durch seinen Mut sowie die daraus resultierenden Regelbrüche einen Wandel eingeleitet hat, der die ganze Welt veränderte.

Was unsere Gesellschaft braucht, sind mehr dieser Vorreiter, mehr Rulebreaker. Menschen, die hinterfragen und erkennen, was nützlich ist und was nicht. Was verändert werden muss und was nicht. Was uns im Weg steht und was nicht. Menschen, die Fragen stellen: Was ist gut und was ist schlecht? Menschen, die keine Angst haben, die Antworten zu finden.

Wir müssen wieder anfangen, uns eine Meinung zu bilden. Wir müssen wieder den Mut aufbringen, Dinge an- und auszusprechen, die andere nicht hören wollen. Es ist auch nicht alles schlecht, ganz im Gegenteil: Viele Regeln und Muster sind nützliche Instrumente für uns und unsere Gesellschaft. Aber viele stehen uns im Weg und verhindern Entwicklung, Fortschritt und Lebensglück.

22.

Cut the Bullshit – fünfzehn Lebensregeln, mit denen du unbedingt brechen musst

Jeder möchte im Leben erfolgreich sein. Leider stehen uns oftmals zahlreiche Regeln und manifestierte Glaubenssätze im Weg. Diese zu erkennen und zu brechen ist der Schlüssel zum Erfolg.
Welcher Fähigkeiten es bedarf, ein echter Rulebreaker zu werden, hast du in den letzten Kapiteln erfahren. Jetzt geht es darum, limitierende Lebensregeln gezielt zu brechen. Auf den nächsten Seiten stelle ich dir fünfzehn Lebensregeln vor, die du unbedingt brechen solltest, um in deinem Leben weiterzukommen und den nächsten Schritt zu machen. Es sind auch gesellschaftliche Normen darunter, denn es geht auch um dein Leben. Da darfst du schon überlegen, ob du nach deinen oder den Regeln anderer leben möchtest.

Cut the Bullshit #1: Bleibe realistisch

Wir können froh sein, dass es in der Vergangenheit viele Menschen gab, die diese Regel gebrochen haben. Hätte sich stets jeder an sie gehalten, hätte es keine Entwicklung gegeben.

Was ist realistisch?
Was ist unrealistisch?

Was wird als Bewertungsgrundlage genommen?
Dürfen wir uns jetzt nur noch Ziele setzen, die andere bereits erreicht haben?
Oder nur Ziele, die unseren aktuellen Fähigkeiten gerecht werden?

Wer dieser Regel folgt, limitiert sich auf allen Ebenen seines Lebens. Ein Vorhaben gilt so lange als unrealistisch, bis es jemand gemacht und bewiesen hat, dass es realistisch ist. Jeder hat ein Recht darauf, seine eigene Vorstellung und Definition von Realismus zu haben.

Es galt als unrealistisch, eine Meile unter vier Minuten zu laufen, Roger Bannister hat es gemacht.
Weltraumtourismus war unvorstellbar. Für Richard Branson war er vor zwanzig Jahren schon realistisch. Am 11. Juli 2021 brachte das Raumschiff Virgin Galactic seinen Gründer, Richard Branson, als ersten Nicht-Astronauten an den Rand des Universums.

Unsere Fähigkeiten sind für Realismus keinerlei Bewertungsgrundlage. Fähigkeiten kann man entwickeln. Wir können jeden Tag neue Dinge lernen und besser werden. Was für uns heute unrealistisch ist, kann in einem Jahr schon realistisch sein. Wir müssen nur offen für das Unmögliche sein, ohne das Logische außer Acht zu lassen.

Cut the Bullshit #2: Vermeide Fehler

Für viele Menschen ist es eine der wichtigsten Lebensregeln überhaupt: Fehler müssen vermieden werden. Ein Trugschluss, der großen Schaden anrichtet. Wer darauf fokussiert ist, keine Fehler zu

machen, wird nie ins Handeln kommen. Wir müssen erkennen, dass Fehler ein nützliches Instrument sind, nämlich dann, wenn wir anfangen, aus Fehlern zu lernen.
Während erfolglose Menschen immerzu bestrebt sind, Fehler zu vermeiden oder sie zu ignorieren, fragen sich erfolgreiche Menschen: »Wozu bin ich gescheitert und was kann ich ändern?« Sie stehen zu ihren Fehlern und nutzen sie, um besser zu werden. Nur so findet persönliche Entwicklung statt. Es ist die identische Ausgangssituation, aber beide werden einen völlig anderen Weg im Leben gehen.

Wie reagiere ich auf das, was passiert, und wie will ich auf das reagieren, was mir passiert?

Das ist die alles entscheidende Frage.

Cut the Bullshit #3: Wenn es beim ersten Mal nicht klappt, lass es sein

Bereits in unseren ersten Lebensjahren lernen wir eine der wichtigsten Lektionen des Lebens: Trial and error.
Wir versuchen zaghaft, die ersten Schritte zu gehen, stolpern, fallen hin und lachen. Zu dem Zeitpunkt wissen wir noch nicht, dass wir gerade gescheitert sind und das später in der Gesellschaft ein Tabuthema sein wird. Wir stehen auf und versuchen es noch einmal. Unterstützung erhalten wir von unseren Eltern, die uns ermutigen, es wieder und wieder zu versuchen, bis wir laufen können.

Fallen wir als Dreißigjähriger bei unserem ersten Versuch in die Selbstständigkeit hin, steht niemand da und klatscht. Man wird auch nicht ermutigt, weiterzumachen. Dafür bekommen wir ans Herz gelegt, es auf keinen Fall noch mal zu versuchen und einen sicheren Weg einzuschlagen.

Fallen und wieder aufstehen – eine Fähigkeit, die wir unser ganzes Leben lang brauchen.
Eine Fähigkeit, die über unseren Lebensweg entscheidet.
Eine Fähigkeit, die wir in unserem ersten Lebensdrittel wieder ablegen, gesellschaftlicher Regeln sei Dank.
Wir müssen wieder zu dem einjährigen Kind werden und der wichtigsten Regel im Leben folgen, die wir haben: »Schätze den Misserfolg, er macht Erfolg erst möglich.«

Cut the Bullshit #4: Das kann man nicht sagen

Früh haben wir gelernt, uns verbal zurückzunehmen und die Wahrheit nett zu verpacken. Eine Regel, die zu Heuchelei und dem Beschönigen von Sachverhalten führt. Schmeckt einem kleinen Kind auf einer Geburtstagsfeier der Tante der Kuchen nicht, ist die Gefahr sehr groß, dass es die brutale Wahrheit ausspricht. Die Wahrheit, die alle im Raum kennen, sich aber niemand auszusprechen wagt: »Der Kuchen schmeckt nicht!«
Vor lauter Angst, andere Menschen zu verletzen, lügen wir sie an und verstecken uns hinter der Wahrheit. Für persönlichen und unternehmerischen Erfolg ein wahrer Erfolgskiller. Was schlecht läuft, muss auf den Punkt gebracht werden, auch wenn die Wahrheit unbequem

ist – und das ist sie, deswegen wird sie so selten ausgesprochen. Spricht sie niemand aus, findet auch keine Verbesserung statt. Wird die Tante stets mit »Was für ein leckerer Kuchen« angelogen, wird sie glauben, der Kuchen sei lecker – und immer den gleichen Kuchen backen. Es manifestieren sich Glaubenssätze, die schädlich für sie sind. Es ist paradox, dass wir immerzu aufgefordert werden, die Wahrheit zu sagen. Kommt man der Aufforderung nach, ist man oftmals nicht mehr gesellschaftstauglich. Wer sagt, was niemand hören möchte, wird verstoßen.

Wer die »Das kann man nicht sagen«-Regel bricht, sorgt für Entwicklung, und zwar auf allen Ebenen. Bevor Rulebreaker Unternehmen umkrempeln, sprechen sie die Wahrheit aus und sagen knallhart, was die Kernprobleme sind. Probleme, die jeder kennt, aber noch nie jemand gewagt hat auszusprechen.

Cut the Bullshit #5: Sag immer die Wahrheit

Den Lebenslauf etwas verdrehen, um den Traumjob zu bekommen? Beim Date etwas flunkern, um den Herzenspartner zu beeindrucken? Sich durch eine kleine Lüge einen Vorteil verschaffen?

Nein! Dann verzichten wir lieber auf den Erfolg. Ehrlichkeit währt immerhin am längsten. Gleichzeitig lügen wir unseren Mitmenschen tagtäglich ins Gesicht, siehe Regel #4. »Nettigkeitslügen«, wie es so schön genannt wird. Wir lügen, wenn die Wahrheit angebracht wäre, und sagen die Wahrheit, wenn eine kleine Lüge vorteilhafter wäre. Sinn ergibt das nicht.

Du siehst, Regel #4 ist paradox zu Regel #5. Wir messen bei der Wahrheit mit zweierlei Maß. Wenn »Nettigkeitslügen« erlaubt sind, dann sind es auch »Vorteilslügen«.

Richard Branson hat aus einer Telefonzelle die berühmtesten Menschen der damaligen Zeit angerufen, um sie als Kooperationspartner zu gewinnen. Er erzählte ihnen, dass er gerade aus seinem Büro anruft und eine Sekretärin hat. Er hatte weder ein Büro noch eine Sekretärin. Deswegen rief er ja aus einer Telefonzelle an. Aber glaubst du, er hätte auch nur einen Cent an Spendengeldern bekommen, wenn er die Wahrheit gesagt hätte?

Cut the Bullshit #6: Gute Noten entscheiden über deine Zukunft

Mit dieser Regel setzen wir unseren Kindern Glaubenssätze in den Kopf, die im Leben störender nicht sein könnten. Schule ist die eine Sache, das Leben die andere. Tatsächlich liegen Welten zwischen beidem. Von klein auf werden wir bewertet und belohnt, wenn die Bewertung gut ist. Mit Lob, Anerkennung oder Geld für gute Noten. Die Botschaft dahinter: »Du musst gute Noten haben, damit aus dir später mal etwas wird.« Irgendwann fangen Kinder an, diesen Blödsinn zu glauben, mit fatalen Folgen: Einmal eine schlechte Note, hat man die Gewissheit: »Aus mir wird nichts.«

Schulkinder leiden heutzutage schon unter einem Burn-out, weil sie mit Versagensängsten zu kämpfen haben – aus Angst, schlechte Noten zu schreiben und sich ihr Leben zu verbauen. Schlimm genug, dass es Karrierewege gibt, für die ein Abitur mit 1,0 die Eintrittskar-

te ist, zum Beispiel das Medizinstudium. Am Ende schadet sich die Gesellschaft selbst: Nur weil jemand zu Schulzeiten gut auswendig lernen konnte und dafür mit guten Noten belohnt wurde, bedeutet das nicht, dass er auch ein guter Arzt wird.
Die Wahrheit will im Schulsystem niemand hören: Noten haben keine Relevanz für das spätere Leben. Bill Gates, Mark Zuckerberg und Steve Jobs haben keinen Universitätsabschluss. Der ehemalige Bundesfinanzminister Peer Steinbrück ist zweimal in der Schule sitzen geblieben. Albert Einstein, Elton John und Tumblr-Gründer David Karp haben sogar die Schule abgebrochen.

Du siehst, dir stehen nach der Schule alle Türen offen. Um sie zu öffnen, bedarf es einiges mehr als guter Noten.

Diese Regel richtet sich auch an Eltern: Achtet auf die schulischen Leistungen eurer Kinder, aber suggeriert ihnen nicht, dass davon ihre Zukunft abhängt.

Cut the Bullshit #7: Man erwartet das von mir

»Erwartung« ist eine Regel, nach der viele Menschen ihr Leben ausrichten. Krampfhaft wird versucht, den Erwartungen anderer oder der Gesellschaft zu entsprechen: Ein sicherer Job, eine feste Partnerschaft, Familiengründung vor dem fünfunddreißigsten Lebensjahr und vieles mehr. Nur so passt man in das klassische Gesellschaftsbild hinein. Die Befolgung dieser Regel führt auf direktem Wege zu einem fremdbestimmten Leben. Versuchen wir immerzu den Erwartungen anderer zu entsprechen, geben wir uns selbst auf.

Viel wichtiger als die Erwartungen anderer sind unsere eigenen Erwartungen, und zwar an uns selbst. Das sind die einzigen, denen wir gerecht werden müssen. Ob anderen Menschen das passt oder ob sie d'accord damit sind, kann uns egal sein, denn es geht uns nichts an. Wir leben nicht, um es anderen Menschen recht zu machen. Es ist unser Leben und jeder von uns entscheidet, wie er es leben und gestalten möchte. Nur so sind wir überhaupt in der Lage, ein selbstbestimmtes Leben zu führen, was die Grundvoraussetzung für ein glückliches und erfolgreiches Leben ist.

Cut the Bullshit #8: Ein unbeschwertes Leben macht glücklich

Ein unbeschwertes Leben ist der Schlüssel zum Glück?
Das klingt auf den ersten Blick nach einer vernünftigen und verlockenden Lebensregel. Auf den zweiten Blick entpuppt sie sich als falsch, denn diese Regel hat einen Denkfehler: »Unbeschwert« ist nicht gleichzusetzen mit »glücklich«. Viel wichtiger ist es, mit Problemen und unerwünschten Ereignissen umgehen zu können. Diese Fähigkeit legt überhaupt erst den Grundstein für ein glückliches und erfülltes Leben. Hier liegt ein gesellschaftliches Verständnisproblem vor: Glücklich sein bedeutet nicht, keine schmerzvollen Erfahrungen zu machen. Sie sind ein Teil des Lebens, die jeder von uns macht. Wer allerdings überzeugt ist, das ändern und beeinflussen zu können, was das Leben für einen bereithält, wer sein Leben selbst aktiv in die Hand nehmen und stets das Beste aus allem machen will, der wird sich entgegen widriger Umstände gut fühlen und glücklich sein. Du kannst nicht darauf warten, bis das Leben nicht mehr hart ist, bevor du entscheidest, glücklich zu sein.

Cut the Bullshit #9: Sei zufrieden mit dem, was du hast

Wenn es eine Regel gibt, die geradewegs zum Misserfolg führt, dann diese. Warum soll man mit dem zufrieden sein, was man hat? Das entbehrt für mich jeglicher Grundlage und ist gleichbedeutend mit: »Entwickle dich nicht weiter.«

Zufriedenheit ist Gift für den Erfolg. Man darf sich nie zufriedengeben. In dem Moment, wo wir zufrieden sind, setzt das Unterbewusstsein den Schongang ein. Das Resultat sind durchschnittliche bis schlechte Leistungen. Ein Mitarbeiter, der Mitte des Jahres schon das Jahresziel erreicht hat, kann sich zufrieden zurücklehnen und die Füße hochlegen. Leistung ist von ihm nicht mehr zu erwarten, denn Zufriedenheit weiß diese zu verhindern. Warum sollen wir Leistung erbringen und unser Bestes geben, wenn wir zufrieden sind? Das kann nicht funktionieren. Auch hier liegt wieder eine Verwechslung vor: »Zufrieden sein« bedeutet nicht »glücklich sein«. Du kannst zufrieden, aber unglücklich und unzufrieden, aber glücklich sein.

Fakt ist: Wer zufrieden ist, hat nichts, wonach es sich zu streben lohnt – und das führt selten zu Lebensglück.

Freue dich über das, was du bisher erreicht hast, aber gebe dich damit niemals zufrieden.

Cut the Bullshit #10: Brich keine Gesetze

Zu Beginn des Buches habe ich schon gesagt, dass Rulebreaker Regeln brechen und keine Gesetze. Bei der Aussage bleibe ich auch, schränke sie jedoch mit einem kleinen Aber ein.

Nelson Mandela hat die Gesetze gebrochen, um für die Gleichberechtigung von schwarzen und weißen Menschen zu kämpfen. Alexej Nawalny brach in Russland geltendes Recht, um das Putin-Regime zu stürzen. Elon Musk begann in Deutschland vielerorts Tesla-Fabriken zu bauen, ohne endgültige Baugenehmigungen zu haben. Der Fahrdienst Uber setzte sich gegen erhebliche behördliche Widerstände durch und erkämpfte einen neuen Markt. Ein Kampf, der sich gelohnt hat, denn nach und nach werden Gesetze überarbeitet, sodass sie innovativen Fahrdiensten nicht völlig den Weg verbauen.

Manchmal sind Gesetzesbrüche nötig, um Innovation voranzutreiben. Gesetze in allen Ehren, aber auch hier ist hin und wieder Hinterfragen erlaubt. Es gibt zahlreiche Gesetze, die sinnlos oder nicht mehr zeitgemäß sind.

Das bedeutet nicht, dass du mit allen Gesetzen brechen solltest, aber das Hinterfragen der eigentlichen Nützlichkeit ist erlaubt – individuell und situativ. Aber auch hier gilt: Kenne den Preis. Der Mehrwert des Gesetzesbruchs sollte um ein Vielfaches höher sein als mögliche Sanktionen. Wie sagt man doch so schön: »Der Zweck heiligt die Mittel.«

Cut the Bullshit #11: Du brauchst einen Plan

Es gibt uns ein gutes Gefühl, einen festen Plan in den Händen zu halten. Er gibt uns Sicherheit für das Ungewisse, was sich Leben nennt. Zugegeben: Ein Plan ist nicht schlecht. Nur dürfen wir nicht vergessen, dass wir mit Plänen nicht die Zukunft regeln können, denn sie ist unvorhersehbar. Zu oft versuchen wir, in der Gegenwart die Zukunft zu regeln, ohne die nötigen Parameter zu kennen. Pläne sollten maximal eine Orientierung sein, aber kein Handbuch. Letzteres führt dazu, dass wir uns jeglicher Flexibilität und Anpassungsfähigkeit berauben, indem wir uns krampfhaft auf unsere Pläne versteifen.

Es gibt eine Regel, die unwiderruflich ist: »Es kommt immer anders, als man denkt.« Spätestens die Covid-19-Pandemie hat genau das gezeigt: Unsere Pläne wurden durcheinandergebracht, ohne dass wir es zu verschulden hatten. Zahlreiche Menschen, aber auch Unternehmen sind damit nicht zurechtgekommen. Was fehlte, waren Flexibilität und Anpassungsfähigkeit.

Wir müssen uns von unseren Plänen trennen, wenn sich die Rahmenbedingungen ändern, sonst führen sie uns ins Verderben.

Cut the Bullshit #12: Jeder hat sein Päckchen zu tragen

Dieses berühmte Päckchen – es setzt sich aus der Summe vergangener Erfahrungen zusammen. Positive Erfahrungen machten es leichter, negative schwerer. Jeder von uns hat dieses Päckchen, das steht außer Frage. Aber wer sagt, dass wir es permanent mit uns rumschleppen müssen? Wer kann den Gipfel eines Berges schneller erklimmen: Jemand, der zwanzig Kilogramm Gepäck auf dem Rücken trägt, oder jemand, der frei von zusätzlichem Gepäck unterwegs ist?

Wir müssen uns von unseren Altlasten trennen, wenn wir im Leben vorwärtskommen wollen. Schmeiß das Päckchen weg. Du brauchst es nicht. Es hält dich nur auf und ist unnützer Ballast. Nur, wenn wir die Vergangenheit hinter uns lassen, sind wir offen für etwas Neues, die Zukunft. Tragen wir unseren Ballast vergangener Tage stets mit uns herum, vergiften wir damit zwangsläufig das Zukünftige. Jeder Mensch macht gute und schlechte Erfahrungen im Leben, sie bestimmen aber niemals unsere Zukunft, es sei denn, wir lassen es zu.

Cut the Bullshit #13: Das machen alle so

Ich erinnere mich noch an die Worte meiner Mutter, als ich die Schule geschwänzt habe, weil die ganze Klasse es gemacht hat: »Und wenn alle von einer Brücke springen, springst du dann auch hinterher?« Natürlich hinkt der Vergleich, aber übertragend gesehen kann er wahrer nicht sein. Machen wir immer nur das, was alle machen, werden wir auch immer nur das erreichen, was alle erreichen – und das ist logischerweise nicht mehr als Durchschnitt. Wollen wir mehr als das, müssen wir uns von der Masse trennen und eigene Wege gehen. Davon einmal ganz abgesehen: Nur, weil alle etwas machen, bedeutet das noch lange nicht, dass es auch richtig ist.

Cut the Bullshit #14: Ich bin zu alt dafür

Mit siebzig Jahren noch einmal ganz neu anfangen?
Sich vom Lebenspartner trennen, weil man unglücklich ist?
Vielleicht noch ein Studium beginnen?
Oder sich seinen Lebenstraum erfüllen?

Was verlockend klingt, ist in der Realität nicht möglich, denn man ist einfach zu alt dafür. Vor dreißig Jahren wäre es eine Überlegung wert gewesen, aber jetzt?
Oft haben wir eine klare Vorstellung davon, was zu welchem Alter passt und was nicht. Diese Regel sorgt für erhebliche Einschränkungen, limitiert das Leben und reduziert die qualitative Lebenszeit.

Das Leben ist nicht mit Beginn der Rente vorbei. Auch nicht mit Beginn des siebzigsten Lebensjahres. Nur weil wir meinen, für etwas zu alt zu sein, heißt das nicht, dass wir auch zu alt sind. Es ist nicht mehr als ein Glaubenssatz und eine ungeschriebene gesellschaftliche Regel. Das Leben ist mit dem Tod vorbei, vorher nicht. Vielleicht ist man gesundheitlich eingeschränkt und kann nicht alles machen, aber darum geht es nicht: Für Veränderungen, welcher Art auch immer, ist niemand zu alt.
Richard Branson ist kurz vor seinem einundsiebzigsten Geburtstag ins Weltall geflogen. Hiromu Inada hat mit achtundsiebzig Jahren den Ironman auf Hawaii ins Ziel gebracht (seinen ersten Ironman bestritt er erst mit siebenundsiebzig Jahren). Bernie Ecclestone ist mit neunundachtzig Jahren noch Vater geworden. Udo Jürgens gab mit achtzig Jahren noch ein Bühnenkonzert vor ausverkaufter Stadthalle in Zürich.

»Wir können dem Leben nicht mehr Tage geben, aber wir können den Tagen mehr Leben geben.« – Was hältst du von dieser Regel?

Cut the Bullshit #15 Eigenlob stinkt

Bereits als Kinder bekommen wir beigebracht, uns nicht selbst zu loben, um uns dann als Gesellschaft zu wundern, dass so viele Menschen ein schwaches Selbstvertrauen haben und sich nichts zutrauen.
Kein Mensch kann erfolgreich sein, ohne an sich und seine Fähigkeiten zu glauben. Und wie steigern wir unser Selbstvertrauen?
Mit positiven Selbstbotschaften!
Eigenlob stinkt nicht, es duftet!

Niemand muss sich schämen, stolz auf sich und seine Ergebnisse zu sein. Ganz im Gegenteil: Wir müssen sie mit der ganzen Welt teilen – und das meine ich ernst. Nur so haben wir eine realistische Chance, unser Selbstvertrauen nachhaltig aufzubauen, was wir für unseren Lebenserfolg definitiv brauchen.

Meiner Meinung nach hat die Regel »Eigenlob stinkt« eine banale gesellschaftliche Funktion: Schutz! Unser Gegenüber soll sich nicht minderwertig fühlen, sollte es nicht so viel erreicht haben wie wir. Schön und gut, dass wir auf diese Art Rücksicht auf unsere Mitmenschen nehmen, aber erstens kann jeder etwas aus sich und seinem Leben machen – wenn er denn will – und zweitens schulden wir diese Rücksichtslosigkeit uns selbst und unserem Selbstvertrauen.

23.

Special – zehn rebellische Regeln für Unternehmen

Die Businesswelt verändert sich rasant. Die Pandemie hat für zahlreiche Veränderungen gesorgt, die längst überfällig waren: mehr Digitalisierung, Homeoffice und schnellere Entscheidungswege, um nur einige zu nennen. Viele weitere Veränderungen werden kommen, denn sie stehen bereits unaufhaltsam in den Startlöchern. Dafür sorgen die nachkommenden Generationen, die eine völlig andere Vorstellung von der Definition »Business« haben werden. Das gilt für die Generation Z (Jahrgänge 1997 bis 2012), aber ganz besonders für die danach kommende Generation. Zukunftsforscher haben sich für den Generationen-Namen »Alpha« ausgesprochen. Sie werden nie ohne Smartphone und soziale Netzwerke leben und werden digital noch effizienter verknüpft sein. Es wird für sie Normalität sein, mit dem Haus oder dem Auto zu sprechen (Borchert 2019).

Das führt dazu, dass sich auch Unternehmen in den kommenden Jahren völlig anders aufstellen müssen. Unsere Gesellschaft ist geprägt von einem unaufhaltsamen Wertewandel, der auch vor der Wirtschaftswelt nicht haltmachen wird. Ich habe es im Laufe des Buches schon öfters gesagt: Der Anspruch nachkommender Generationen ist die Selbstverwirklichung. Geben Unternehmen ihnen nicht die Chance dazu, sind sie ein unattraktiver Arbeitgeber. Zudem wird Arbeit weniger ein Mittel zum Geldverdienen sein, sondern sie wird zunehmend als ein elementarer Lebens- und Gestaltungsbereich angesehen werden.

Ich habe zehn Regeln formuliert, die helfen können, die Form der Unangepasstheit in der eigenen Unternehmenskultur fest zu verankern. Unternehmen brauchen Rebellen, aber sie können auch selbst zu einem Rebellen werden – oder, was ich von der Formulierung her bevorzuge, zu einem Rulebreaker-Unternehmen.

Business-Rule #1: Statisten müssen umgehend das Meeting verlassen

»Das Meeting ist erst vorbei, wenn es vorbei ist« – eine tolle Regel in zahlreichen Unternehmen, die Produktivität und Effizienz verhindert. Ist ein Meeting für Mitarbeiter bis zum Ende relevant, sollte diese Regel natürlich befolgt werden. Aber was, wenn es das nicht ist? Oft wurde für den Einzelnen nach einigen Minuten das Soll erfüllt und man spielt für den weiteren Verlauf des Meetings keine Rolle mehr. Anstatt sich den eigentlichen, in dem Moment viel wichtigeren Aufgaben zuzuwenden, wird sinnlos im Meeting auf das Ende gewartet. Das sorgt einerseits für Frust bei den Mitarbeitern, andererseits wird so Fortschritt aufgehalten. In der Zeit, die sinnlos in einem Meeting verbracht wird, könnten neue Ideen umgesetzt werden.

Business-Rule #2: Widerspreche dem Vorgesetzten

Der Chef hat immer recht, deswegen ist er ja der Chef. Nur wenige haben den Mut, dem Vorgesetzten zu widersprechen. Die Angst vor den Konsequenzen ist zu groß. Vom berühmt-berüchtigten »Kieker« bis hin zur Kündigung könnte alles möglich sein. Rebellische Unternehmen folgen keinen veralteten Unternehmenskulturen nach dem Motto »Der Chef hat immer recht«. Autoritäre Führungsstile sind keine besonders gute Idee für eine Zukunft, in der Flexibilität und Chancenintelligenz gefragt sind. Das mag vor zwanzig Jahren einmal funktioniert haben, aber die Welt hat sich weiterentwickelt.

Die Regel »Widerspruch um jeden Preis« ist für Unternehmen wesentlich wertvoller, und zwar für den gesamten Unternehmenserfolg. Mitarbeiter, die anderer Meinung sind, müssen sie aussprechen, egal ob gegenüber der Führungskraft oder dem Vorstandsvorsitzenden. »Offene Diskussions- und Feedbackkultur« ist der Schlüssel zum Erfolg. Widerspruch ist verpflichtend, wenn er sinnvoll und vernünftig ist. Jasager haben ein Unternehmen noch nie wirklich vorangebracht. Es sind stets die Rebellen, die Kontra geben und so Fortschritt schaffen.

Business-Rule #3: Unsere Mitarbeiter genießen maximale Freiheit

»Vertrauen ist gut, Kontrolle ist besser« – nach diesem Grundsatz handeln viele Unternehmen. Die Unternehmensführung ist Taktgeber, vergibt Aufgaben und legt fest, wie Aufgaben umgesetzt werden, um die gewünschten Ergebnisse zu erzielen.

Ein Blick ins Silicon Valley genügt: Moderne Arbeitsmodelle haben den traditionellen längst den Rang abgelaufen. Business-Rebellen wie Google, Yelp, Netflix und Co machen es vor: maximale Freiheit für die Mitarbeiter. Hauptsache, sie machen ihren Job und das gut. Keine Stempelkarte, keine verbindlichen Arbeitszeiten und erst recht keine Kontrolle. Wer im Homeoffice arbeiten möchte, macht das. Remote? Kein Problem! Wer auf Mallorca am Strand besser denken und produktiver arbeiten kann, macht das. Aber nicht nur das: Viertagewoche, keine Hierarchien, Eigenverantwortung und kreative bis grenzenlose Freiräume.

Grundvoraussetzung für solche Arbeitsmodelle sind natürlich Mitarbeiter, die wissen, was sie wollen, und mit so viel Freiheit umgehen können. Aber ich habe es schon einmal gesagt: Unternehmen müssen die richtigen Mitarbeiter einstellen, nicht die am besten qualifizierten.

Business-Rule #4: Kreative Rückzugsorte für unsere Mitarbeiter

Schon einmal das Headquarter von Google in Kalifornien näher betrachtet? Bowlingbahnen, Massageliegen, Sportplätze, Chill-out-Zonen, Foodtrucks, verschiedene Restaurants und Betten für einen Powernap, um nur einige Beispiele zu nennen. Hier gibt es jede Menge Ablenkung und Spaß – und das ist gut so.

Zahlreiche Unternehmen sind bestrebt, ihren Mitarbeitern so wenig Ablenkung wie möglich während der Arbeitszeit zu geben. So wird sich erhöhte Produktivität erhofft. In dem Fall ist Hoffnung ein denkbar schlechter Begleiter. Niemand kann acht Stunden oder länger vor einem Bildschirm sitzen und produktiv sein. Zwischendurch braucht der Kopf eine Auszeit. Ablenkung von der Arbeit und ein kreativer Break-out bringen neue Ideen und Energie. Besonders dann, wenn Mitarbeiter in ihrem Denken festgefahren sind. Neue Ideen kommen selten am Schreibtisch. Sie kommen dann, wenn man nicht damit rechnet. Rebellische Unternehmen schaffen durch kreative Rückzugsorte die Möglichkeiten dafür.

Wer Ideen möchte, muss auch Möglichkeiten schaffen, dass Ideen entstehen können. Viele Unternehmen behindern sogar die Entfaltung von Ideen. Der Autor Christoph Keese hat in seinem Bestseller »Silicon Valley« die Innovationsfähigkeit und Kreativkultur im Silicon Valley analysiert und herausgearbeitet, was sie ausmacht. Er schreibt: »Innovation entsteht durch den freien, ungehemmten Austausch von Menschen auf kleinstem Raum ... Menschen werden kreativ, wenn sie beruflich so arbeiten dürfen, wie sie privat leben: eng verwoben, in freundschaftlichem Abstand, im ständigen Dialog, im freien Spiel der Ideen ...«

Business-Rule #5: Bei uns gibt es keine Work-Life-Balance

Die Work-Life-Balance zählt zu den wichtigsten Arbeitnehmerkriterien bei der Auswahl eines potenziellen Arbeitgebers. Zahlreiche Unternehmen versuchen, diesem Kriterium um jeden Preis gerecht zu werden. So wird alles für eine gesunde Work-Life-Balance gemacht. Große Konzerne stellen sogar spezielle Feel-Good-Manager ein, die sich unter anderem darum kümmern.

Ich sage ganz bewusst: Brecht mit dieser Regel!

Das Konzept Work-Life-Balance ist für Mitarbeiter gemacht, die ihren Job nicht mögen. Das mag hart klingen, ist aber bittere Realität. Wer seinen Job liebt, der braucht davon keinen Abstand. Zur Erinnerung: Bei Yelp erhalten die Mitarbeiter eine Prämie von eintausend Dollar, wenn sie mindestens zwei Wochen am Stück Urlaub nehmen. Darauf wird selten zurückgegriffen, weil die Mitarbeiter Bock auf ihren Job haben.

Business-Rule #6: Wir zahlen die besten Gehälter

Gehaltsverhandlungen gleichen oftmals einem Basar: Unternehmen versuchen dabei, Mitarbeiter unter deren Wert »einzukaufen«, nur um Geld zu sparen. Ein paar Monate später kommt dann ein Konkurrent um die Ecke, macht ein höheres Angebot und der Mitarbeiter wandert zur Konkurrenz ab.
Warum nicht etwas tiefer in die Tasche greifen und mit Top-Gehältern Spitzenkräfte anlocken, die man dann langfristig auch noch halten kann?

Davon mal abgesehen: Für ein durchschnittliches Gehalt gibt es eben auch nur einen durchschnittlichen Mitarbeiter.

Unternehmensrebellen investieren mehr in ihre Mitarbeiter, locken Top-Leute an und versuchen, sie langfristig an das Unternehmen zu binden.

Business-Rule #7: Offene Unternehmenskultur, aber ohne Harmonie und Idylle

Idylle? Harmonie? Damit wird es wenig bis gar keine Veränderung geben. Denn für sie braucht es Menschen, die bewusst für Ärger und Irritationen sorgen. Störenfriede, die eine scheinbar perfekte Welt durcheinanderbringen. Unternehmen brauchen keine Jasager, sie brauchen kritische Denker. Rulebreaker sind genau das, weswegen sie in vielen Wirtschaftsunternehmen heiß begehrt sind.

Es geht aber auch anders: mit einer offenen Unternehmenskultur. Diese ist Voraussetzung für Innovation und Fortschritt. Unternehmen müssen nach Mitarbeitern suchen, die mutig sind, vorangehen und Bestehendes infrage stellen.
Und selbst wenn Regelbrecher ins Unternehmen geholt werden: In einer verkrusteten Unternehmenskultur können sie sich nicht entfalten.

Business-Rule #8: Anreizsysteme für Ideengeber

Firmenwagen, Bonuszahlungen oder Prämien bei Erreichung vorgegebener Ziele? Das sind klassische Anreizsysteme in Unternehmen mit dem Ziel, die Mitarbeitermotivation zu steigern. Warum Mitarbeitern keine Prämie für die Einbringung kreativer Ideen zahlen?

Rebellische Unternehmen lassen jeden Mitarbeiter Ideen einbringen, egal ob er fachfremd ist oder nicht. Bestes Beispiel Apple: Die Idee für das Scrollrad beim iPod kam von einem Mitarbeiter aus dem Marketing, weil Steve Jobs jedem die Möglichkeit gab, Ideen einzubringen. Ähnliches bei der Autovermietung Sixt: Jeder Mitarbeiter darf Ideen einbringen.
Sollte das nicht Teil der eigenen Unternehmenskultur sein, kann mit Anreizsystemen dafür geworben werben.

Business-Rule #9: Experimente sind erwünscht

Alles streng nach Vorschrift, keine Fehler und maximale Sicherheit? Nach wie vor besteht die Unternehmenskultur zahlreicher Unternehmen und Organisationen aus diesen Regeln. Wer Fortschritt und Innovationen anstrebt – und nur dadurch sind Unternehmen langfristig überlebensfähig –, muss sich davon lösen. Es muss experimentiert werden gemäß dem Motto »Learning by doing«. Neuheiten entstehen durch Experimente. Dazu gehört es eben auch zu scheitern. Aber auch hieraus ergeben sich wichtige Learnings und manchmal auch Zufälle, die zu bahnbrechenden Erfolgen führen. So hatte ein Pharmaunternehmen das Ziel, nach einem Medikament gegen Herzerkrankungen zu suchen. Im Labor entdeckten die Forscher den vielversprechenden Wirkstoff Sildenafil. Leider kristallisierte sich das Medikament in menschlichen Studien als Enttäuschung heraus. Nach den Studien hegten zahlreiche Studienteilnehmer den Wunsch, die übrig gebliebenen Tabletten zu behalten – durchweg Männer. Sie halfen zwar nicht gegen das Herzleiden, aber hatten positive Nebenwirkungen in unteren Regionen. Es war die Geburt von Viagra – durch einen Zufall.

Business-Rule #10: Für die ganz Mutigen: keine Regeln

Regeln erzeugen Mittelmaß und verhindern oftmals Neues. Kann ein Unternehmen ohne Regeln funktionieren?

Ja! Netflix macht es vor und viele andere erfolgreiche Unternehmen auch. Es sind zumeist die innovativsten Unternehmen der Branche – und das kommt nicht von ungefähr.

In Deutschland, wo so gut wie alles reguliert wird, mag ein Unternehmen ohne Regeln schwer umsetzbar sein. Aber man kann nahe dorthin kommen. Jedes Start-up dient als Inspiration: Hier stehen in der Anfangsphase Spaß und Selbstverwirklichung im Vordergrund. Dabei ist alles erlaubt. Solch eine Unternehmenskultur kontinuierlich aufrechtzuerhalten, ist eine große Herausforderung, die großen Mutes bedarf. Es ist die Königsklasse der Rebellion, in der es viel zu gewinnen gibt.

24.

Fünf Regeln für den erfolgreichen Regelbruch

»Ignore the rules« als Buchtitel und dann ein Kapitel mit Regeln für den Regelbruch?
Das ist doch paradox! Das ist es wirklich, aber so paradox es sich auch anhören mag: Es gibt Regeln für den erfolgreichen Regelbruch. Rulebreaking ist Strategie, und alles, was strategisch ist, sollte gut durchdacht sein. Fünf Regeln sind beim professionellen Regelbruch zu beachten. Fünf Regeln, die über Erfolg oder Misserfolg entscheiden können. Es gibt immer Fallstricke, ganz besonders beim Regelbruch.

Regeln geben Sicherheit. Auch beim gepflegten Regelbruch kann ein kleines Maß an Sicherheit nicht schaden.

Rule #1: Kenne die Regeln

Als Rulebreaker solltest du die Regeln nur brechen, wenn du sie kennst. Was auf den ersten Blick selbstredend ist, ist auf den zweiten Blick oftmals ein Strategiefehler.

Ein ganz einfaches Beispiel: Du wirst zu einer Hochzeit eingeladen, die vormittags stattfindet. Auf der Einladungskarte steht als Hinweis für alle Gäste »Dresscode: Smoking«.

Wer diese Regel befolgt, gleichzeitig aber gesellschaftliche Stil- und Etiketteregeln kennt, bricht Regeln – so wie alle anderen, die zu der Hochzeit eingeladen sind und sich an den Dresscode halten. Dem Rulebreaker als Strategen kann das nicht passieren, denn er weiß, dass ein Smoking entweder erst bei Dunkelheit oder ab neunzehn Uhr getragen werden darf, so verlangen es die Stilregeln. Somit bieten sich weitere Handlungsoptionen an: Neben dem Regelbruch in Form von »Smoking auf der Hochzeit«, könntest du das Brautpaar über den Fehler auf der Einladungskarte informieren. Oder du umgehst jeglichen Regelbruch und sagst die Hochzeit ab. Jede Handlungsoption bringt dabei unterschiedliche Konsequenzen mit sich.

Was will ich mit dieser Metapher sagen?
Erst wenn du alle Regeln kennst, hast du eine gute Bewertungsgrundlage dafür, was die geeignete Vorgehensweise ist und welcher Regelbruch in welcher Situation angemessen ist.

Rule #2: Agiere professionell

Regelbruch ist nichts für Amateure, sondern ein strategisches Mittel für Profis. Erfolgreicher Regelbruch wird selten mit dem Vorschlaghammer erreicht, dafür umso mehr mit Strategie und Köpfchen. Emotionale Kurzschlusshandlungen haben in der Welt des Regelbruchs nichts verloren. Das gilt ganz besonders für Rulebreaker in Unternehmen.

Organisationen werden von Profis geführt. Wer hier etwas verändern möchte, muss der Unternehmensführung auf Augenhöhe begegnen, wo professionelles Denken und Handeln vorausgesetzt werden.
Es ist nicht nur damit getan, den Regelbruch zu forcieren: Wer mit alten Regeln bricht, muss nicht nur neue Regeln aufzeigen – er muss sie auch rechtfertigen und andere dafür gewinnen können. Ohne logische Argumentation und Akzeptanz ist ein Regelbruch nichts wert.

Rule #3: Ignoriere deine Gegner

Wer Regeln bricht, wird immer auf Gegner treffen. In der Regel sind es Menschen, die dem Regelbruch nichts abgewinnen können und deswegen mit Ausgrenzung oder Angriff reagieren. Anstatt Zeit und Energie dafür aufzubringen, seine Gegner zu überzeugen, ist es sinnvoller, sie einfach zu ignorieren. Du wirst die wenigsten deiner Kritiker auf deine Seite ziehen können, egal wie gut deine Argumentationspunkte auch sind.
Widme deine volle Aufmerksamkeit lieber dem Regelbruch und denen, die dich unterstützen. Das soll nicht bedeuten, Unannehmlichkeiten aus dem Weg zu gehen. Vielmehr ist es eine gesunde Einschätzung dessen, was sinnvoll ist und was nicht.

Im Privatleben kann diese Regel weitaus herausfordernder sein als in der Arbeitswelt. Nämlich dann, wenn die Gegner aus dem direkten Umfeld kommen. Sich gegen nahestehende Menschen zu behaupten, ist nicht immer einfach.

Bedenke: »Gegnerisches Umfeld« ist nicht zu verwechseln mit »kritischem Umfeld«. Mit Gegnern meine ich Menschen, die dich ohne logische Argumentation angreifen, weil sie prinzipiell gegen Veränderungen und in ihren Denkmustern gefangen sind.

Rule #4: Es ist besser, nachher um Entschuldigung zu bitten, als vorher um Genehmigung zu fragen

Darf ich das?

Manchmal ist es besser, etwas einfach zu machen, als um Erlaubnis zu fragen. Man braucht nicht immer für alles eine Genehmigung, schon gar nicht für den Regelbruch. Was erwarten wir, wenn wir um Erlaubnis fragen?

Die Antwort wird sehr häufig »Nein« sein, was nur dazu führt, dass wir ein Vorhaben nicht realisieren. Wer viele Fragen stellt, bekommt auch viele Antworten. Manchmal ist es besser, sich in Stillschweigen zu hüllen und Dinge einfach zu machen. Nur zu oft werden gute Ideen wegen fehlender Erlaubnis nicht umgesetzt, weil sie nicht zu hundert Prozent den Regeln entsprechen. Wer macht, hat danach noch genug Zeit, um Entschuldigung zu bitten.

Als Elon Musk begann, seine Tesla-Fabriken zu bauen, hatte er nicht überall die finale Baugenehmigung. Aber er wollte keine Zeit verlieren und machte es einfach. Die Genehmigungen wurden dann verspätet während des Baus beantragt. Die meisten hat er bekommen, manchmal musste nachgebessert werden und nur einige wenige wurden abgelehnt.

Rule #5: Kenne die Konsequenzen

Es ist die wichtigste Regel für den erfolgreichen Regelbruch: Sei dir über die Konsequenzen im Klaren. Diese Regel ist so wichtig, dass ich ihr ein eigenständiges Kapitel gewidmet habe (Kapitel 20: »Alles hat seinen Preis – auch der Regelbruch«). Regelbrecher machen sich im Vorfeld Gedanken darüber, welche Auswirkungen ein Regelbruch auf sie, ihr Umfeld und gegebenenfalls ein Unternehmen hat. Dicht gefolgt von der Frage, ob sie bereit sind, den Preis des Regelbruchs zu bezahlen. Erst dann haben sie eine Entscheidungsgrundlage für oder gegen den Regelbruch.

Diese Regel zu missachten, wäre ignorant, dumm und eines Rulebreakers nicht würdig. Gleichzeitig wäre es ein Bruch mit der Rulebreakerregel »Agiere professionell«. Natürlich kann niemand alle Auswirkungen und Konsequenzen seines Handelns bis ins kleinste Detail vorhersehen, aber viele Dinge lassen sich im Vorfeld doch sehr gut abschätzen. Tue es, damit du keine bösen Überraschungen erleben musst.

Zum Abschluss – warum auch du ein Rulebreaker bist

Elon Musk, Richard Branson, Steve Jobs, Michael O'Leary, Thomas Tuchel – alles Rulebreaker, die die Welt verändert haben, mindestens die Wirtschaftswelt. Sie sind Protagonisten des Regelbruchs und medial gehypte Typen. Über sie wird geredet, sie dienen als Inspiration und oftmals auch als Vorbild. Aber – und das dürfen wir nicht vergessen – es gibt weitaus mehr Regelbrecher, die nicht derart in der Öffentlichkeit stehen oder die Massen faszinieren. Das Potenzial steckt in jedem von uns. Auch in dir.

Du musst nicht gleich die ganze Welt verändern, es reicht schon, wenn du deine eigene Welt veränderst, dein Umfeld, dein Leben.
In jedem von uns steckt irgendwo ein Rebell. Das hat die Natur so angelegt. Ich gehe noch ein Stück weiter und sage: Jeder von uns ist ein Rulebreaker. Es kommt so oft vor, dass wir Regeln brechen, uns einen Vorteil verschaffen, Veränderungen bewirken, ohne es zu merken. Mir selbst ging es auch so.

Als ich die Idee für dieses Buch hatte, fragte ich mich, ob ich ein Rulebreaker bin. Nein, du doch nicht, da war ich mir sicher. Je mehr ich mich mit dem Thema auseinandergesetzt habe, desto mehr Situationen fielen mir ein, bei denen ich dachte: »Hey, da hast du ja mit allen Regeln gebrochen!« Und noch etwas fiel mir auf: Diese Regelbrüche hatten stets positive Auswirkungen auf mein Leben und haben teilweise zu radikalen Veränderungen geführt. Drei dieser Situationen möchte ich gerne mit dir teilen und dich inspirieren, in dein eigenes Leben zu schauen und dich zu fragen: Wo habe ich Regeln gebrochen und was hat es mir gebracht?

Vielleicht gibt es auch Leser, die der Meinung sind, Regelbruch ist nur etwas für die Musks dieser Welt, nicht aber für normale Menschen. Doch ich bin auch nur ein normaler Mensch und kein Milliardär. Wenn ich regeln brechen und dadurch mein Leben verändern kann, dann kannst du das auch, denn ich bin nicht mehr als du.

Story #1: »Du machst dich lächerlich«

Nach meinem geplatzten Traum vom Tennisprofi absolvierte ich ein internationales Managementstudium in den Niederlanden. Bereits während des Studiums traf ich die Entscheidung, nach dem Abschluss im Sportmanagement arbeiten zu wollen. Ich konnte zwar kein Sportmanagement-Studium vorweisen, aufgrund meiner Profisporterfahrung sah ich darin aber kein Problem. Management ist Management. Leider war der Arbeitsmarkt anderer Meinung: Nach unzähligen Bewerbungen in der Sportbranche erhielt ich ausschließlich Absagen. Die Rückmeldungen hatten immer ähnliche Muster: »Wir setzen ein Sportstudium voraus.«

Um mein Leben finanzieren zu können, arbeitete ich als Tennistrainer. Von vielen in meinem damaligen Umfeld wurde ich belächelt, denn in deren Augen war ich ein Versager. Gesagt hat mir das niemand, aber ich sah es in den Gesichtern. Hier war jemand, der eine gängige Gesellschaftsregel nicht erfüllte: »Nach dem Studium musst du sofort einen Job finden.«

Ein Jahr nach meinem Diplom wurde ich auf eine Stellenausschreibung einer Sportagentur aufmerksam: »Projektassistent(in) Marketing im Management des Formel-1-Piloten Nick Heidfeld.« Es klang wie mein Traumjob. Nach sofortiger Bewerbung auf die ausgeschriebene Stelle folgte eine Woche später die Absage.
Trotz großer Enttäuschung suchte ich weiter und traute meinen Augen nicht: Eine zweite Ausschreibung gab es bei derselben Agentur: »Projektassistent(in) PR im Management des Formel-1-Piloten Nick Heidfeld.« Keine halbe Stunde war vergangen und meine Bewerbung war draußen. Trotz des Versuchs, mich besser zu präsentieren als bei der vorherigen Bewerbung, hagelte es wieder eine Absage.
Nach wochenlangem Durchforsten der Jobportale war immer noch die Ausschreibung »Projektassistent(in) Marketing im Management des Formel-1-Piloten« inseriert. Es konnte nur zwei Möglichkeiten geben: Die Stelle war noch nicht besetzt oder man hatte das Inserat, trotz Besetzung, aus Bequemlichkeit nicht gelöscht.

Durfte ich mich ein drittes Mal bei derselben Agentur und ein zweites Mal auf die gleiche Stelle bewerben, für die ich schon eine Absage erhalten hatte?
Ja! Für mich sah das aus wie eine große Chance.

»Wie kannst du nur!«
»Hast du denn gar kein Schamgefühl?«
»Du machst dich lächerlich!«, so die Rückmeldungen meines damaligen Freundeskreises.

Doch gibt es irgendwo ein Gesetz oder eine Regel, die besagt, dass man sich nicht mehrmals auf eine Stelle bewerben darf? Ich habe bis heute nicht davon gehört.

Ich wurde zu einem Vorstellungsgespräch eingeladen und bekam den Job. Zwei Jahre arbeitete ich im Management des Formel-1-Piloten Nick Heidfeld. Es sollte zugleich eine Referenz werden, die mir später viele weitere Türen im Leben öffnete.

Jahre danach habe ich meinen damaligen Chef auf einer Veranstaltung getroffen und ihn gefragt, warum man sich damals für mich entschieden hatte. »Du hast die Regeln gebrochen, das hat uns imponiert«, so seine Antwort.

Mit Glück hatte das Ganze also nichts zu tun. Es war eine Chance, die ich mir selbst erarbeitet habe. Einerseits, weil ich nicht aufgegeben habe, und andererseits, weil ich ungeschriebene Regeln der Gesellschaft gebrochen habe.

Story #2: »Da hast du doch gar keine Ahnung von«

Als ich 2008 meine Selbstständigkeit startete, hatte ich nicht mehr als eine Idee. Was ich am wenigsten hatte, war Geld. Es gab keinerlei Rücklagen und kein Investitionskapital für die Unternehmensgründung. Ich benötigte dringend eine Webseite, um meine Dienstleistungen anbieten und mich professionell präsentieren zu können. Geld für eine professionelle Webagentur war keines da, also traf ich eine Entscheidung: Lerne selbst Programmieren. Ich las zahlreiche Bücher und brachte mir die Grundlagen selbst bei. Natürlich war ich dadurch nicht so gut wie die Profis, aber es reichte, um eine solide Webseite zu erstellen, die mir meinen Start ermöglichte. Gleiches machte ich mit vielen anderen Dingen. Benötigte ich etwas, was ich nicht bezahlen konnte, eignete ich mir das Wissen selbst an und setzte es um: Photoshop, Videobearbeitung, Suchmaschinenoptimierung und vieles mehr. So hatte ich immer die Möglichkeit, in meinem Business weiterzukommen.

Worauf ich hinausmöchte: Wir finden immer einen Weg zu unserem Ziel, wenn wir danach suchen. Wir müssen ihn nur sehen und gehen. Ich höre heute noch oft von Menschen, dass sie kein Startkapital haben, um sich ihr eigenes Business aufzubauen, und ein Start daher nicht möglich sei. Ich erwidere dann immer: »Eigne dir das Wissen an und mache es selbst.« Dann kommen Floskeln zurück wie »Ich bin doch kein Programmierer« oder »Ich bin doch kein Grafiker«. Aber muss man das sein? Du kannst alles werden und machen. Es existiert keine Regel, die dir das verbietet. Doch in den Köpfen der meisten Menschen erheben sich unüberwindbare Hindernisberge, denn da hat sich der Glaubenssatz »Schuster, bleib bei deinem Leisten« manifestiert. Ähnliches gilt für die Annahme, dass wir für eine Selbstständigkeit vor allem und am besten viel Geld benötigen. Finanzielle Möglichkeiten vereinfachen den Start, aber fehlende Geldmittel verhindern ihn nicht.

Jeder Bekannte in meinem Umfeld riet mir von der Selbstständigkeit ab. Es folgte oft noch der Rat, auf den richtigen Zeitpunkt zu warten. Ich wusste damals schon: Der richtige Zeitpunkt ist immer jetzt. Wenn du etwas machen möchtest, mache es. Es wird immer Gründe geben, die dagegensprechen. Aber es gibt mindestens ebensoviele Gründe, die dafürsprechen. Die Frage ist nur: Welchen Aufwand bist du bereit zu betreiben?

Story #3: »So dumm kann man nicht sein«

Mit dreißig Jahren fasste ich den Entschluss, professioneller Redner zu werden und meine Agentur für Sportkommunikation aufzugeben. Ich hatte feste Einnahmen aus Beratungen und mehrere Lehraufträge an Hochschulen und Akademien. Beides gab mir finanzielle Sicherheit. Ich arbeitete in der Folge sehr hart für meinen Traum von der Rednerkarriere, aber ein Punkt war mir immer klar: Sollte es nicht klappen, schlage ich eine Dozentenkarriere an Hochschulen und Akademien ein, wo ich mir mittlerweile schon ein gewisses »Standing« erarbeitet hatte. Es war das Sicherheitsseil, das mich auffangen würde, sollte ich scheitern.

So hart ich dafür auch arbeitete, ein gefragter Keynote Speaker zu werden, ich trat lange auf der Stelle. Die Frage, warum ich nicht weiterkam, bescherte mir zahlreiche schlaflose, mit Selbstzweifeln angefüllte Nächte.

Was mache ich falsch?
Was muss ich anders machen?

Antworten fand ich keine. Dafür hatte ich immer die gleichen Gedanken im Kopf: »Wenn du es nicht schaffst, hast du andere Möglichkeiten.« Diese Art von Gedanken war mir fremd. In meinem bisherigen Leben hatte ich noch nie ein Sicherheitsseil. Es gab nie einen Plan B und ausgerechnet jetzt, wo es um meinen Traum ging, gab es einen. Konnte das der Grund für das ausbleibende Weiterkommen sein?
Ich blickte in mich und erkannte: Es waren schon immer die Momente, in denen es um alles geht, in denen es nur Sieg oder Niederlage gibt, die ich aus ganzem Herzen liebte – zumindest auf dem Tennisplatz. Ich mag dieses Gefühl von Adrenalin pur. In diesen Situationen fühle ich mich am wohlsten. Ich brauche den Druck und auch die Angst des Scheiterns im Nacken.
Dieser Druck und diese Angst fehlten mir nur. Das musste also das Problem sein, da war ich sicher. Ich kündigte meine Lehraufträge und schnitt mir so ganz bewusst mein Sicherheitsseil durch. Ab sofort war Scheitern keine Option mehr. Es gab keinen Plan B mehr. Sollte ich fallen, fiele ich tief – sehr tief –, und genau das wollte ich.

»Bist du verrückt?«
»So dumm kann man nicht sein!«
»Du brauchst etwas, auf das du zurückfallen kannst!«

In dieser Richtung bewegten sich die Meinungen meines Umfelds.
Die Wochen vergingen und ich merkte die innere Anspannung und den Druck – ich liebte dieses Gefühl. Die nächsten Monate waren natürlich auch von unangenehmen Gefühlen begleitet, vor allem von Existenz- und Versagensängsten. Gleichzeitig half mir aber meine Angst, nach Lösungen zu suchen und über mich hinauszuwachsen. Ich arbeitete härter und effektiver als je zuvor. So legte ich in wenigen Monaten den Grundstein für meine Rednerkarriere.
Ich brach ganz bewusst die Regel »Du brauchst einen Plan B« und ignorierte die Meinungen anderer. Erst mit diesen Regelbrüchen schaffte ich die Voraussetzungen für mein Speaker-Business.
Ich brach sogar die Regeln der Branche: Als Keynote Speaker arbeiten zahlreiche ehemalige Profisportler, Schauspieler, Politiker und Menschen, die schon etwas erreicht und einen gewissen Bekanntheitsgrad haben. Der Rednermarkt folgt einer simplen Regel: Je bekannter du bist, desto interessanter bist du für Vorträge.
Nichts von dem hatte ich zu bieten, aber ich wollte trotzdem Redner werden und rollte das Pferd von hinten auf. Der Weg war sehr steinig und schwer, aber er hat sich gelohnt und ich habe mein Ziel erreicht. Denn dass es nicht geht, war die Regel anderer, aber nicht meine.

Viele Autoren beenden ihr Buch damit, sich zu bedanken: Bei ihren Lesern, dem Verlag, der Unterstützung aus dem Umfeld und so weiter. Eine Danksagung oder ein Nachwort gehört zu einem guten Buch dazu. Gemäß dem Buchtitel »Ignore the rules« ignoriere und breche ich diese Regel. Ein handfester Regelbruch sollte in so einem Buch nicht fehlen. Stattdessen beende ich mein Buch mit einer Geschichte über einen Rulebreaker von nebenan. Kein Richard Branson, Steve Jobs oder Micheal O'Leary. Auch kein Markus Czerner. Lass dich von einer unglaublichen Geschichte inspirieren und vergiss nicht: Es ist, wie es ist, aber es könnte auch alles ganz anders sein.

Sydney 1983: Einundfünfzig Ausnahmeathleten stehen am Start, um sich in wenigen Minuten einem der härtesten Wettkämpfe der Welt zu stellen – dem Ultramarathon von Sydney nach Melbourne. Wer ins Ziel kommen möchte, muss eine Strecke von 544 Meilen zurücklegen, was der Entfernung von 875 Kilometern entspricht. Zahlreiche Experten, Mediziner und Physiotherapeuten haben mit aufwendigen Analysen und Forschungen ein Erfolgsrezept erarbeitet: Fünf Stunden Schlaf pro Nacht und eine Stunde Massage pro Tag für die verhärtete Beinmuskulatur, sonst ist diese Distanz von einem Menschen nicht zu bewältigen.

Am Start stehen nur Weltklasseläufer im Alter zwischen zwanzig und dreißig Jahren. Kurz vor dem Start dreht sich das Teilnehmerfeld noch einmal zur Weltpresse – doch was ist das? In das Bild hat sich ein älterer Mann geschlichen, der deplatzierter nicht aussehen könnte. Er trägt einen Overall und Arbeitsstiefel mit Galoschen. Das kann sich nur um einen schlechten Scherz handeln, oder will dieser Wahnsinnige wirklich mitlaufen? Es wäre sein sicheres Todesurteil.

Die Veranstalter bitten den älteren Herrn, das Startfeld zu verlassen. Doch er ist nicht hier, um zuzusehen, er will tatsächlich mitlaufen. Sein Name ist Cliff Young, einundsechzig Jahre alt und von Beruf Farmer. »Jedes Jahr laufen die Teilnehmer an meiner Farm vorbei und da habe ich mir gedacht, es wäre toll, auch mal mitzumachen«, sagt Cliff Young den Reportern.

Startschuss. Die ultimative Herausforderung beginnt. Cliff Young liegt von Anfang an hoffnungslos zurück. Nicht nur das: Man fängt an, sich über seine Art zu laufen lustig zu machen. Es sieht aus, als würde er jede Sekunde fallen. Es ist mehr ein Stolpern als ein Laufen. Noch weiß niemand der Zuschauer, dass diese Art zu laufen die Sportwelt für immer verändern wird. Auch nicht, dass ihn diese ungewöhnliche Art der Fortbewegung zu einer Legende machen wird.

Cliff Young läuft langsam und weit abgeschlagen hinter den Topathleten, aber er läuft ohne Anzeichen körperlicher Erschöpfung. »Ich wuchs auf einer Farm auf und wir konnten uns weder Pferde noch Traktoren leisten. Also musste ich, immer, wenn ein Sturm aufkam, die ganze Farm zu Fuß umlaufen, um alle Schafe zusammenzutreiben. Wir hatten zweitausend Schafe und zweitausend Morgen Land. Manchmal musste ich zwei oder drei Tage lang den Schafen nachlaufen, aber ich habe immer alle eingefangen. Ich wusste, ich würde das Rennen schaffen.« Er meint es tatsächlich wörtlich. Denn dieser

Mann kannt Tag und Nacht ohne Pausen durchlaufen, um seine Schafe einzutreiben. Dabei hat er sich über die Jahre einen schonenden und sehr effizienten Laufstil zugelegt.

In der ersten Nacht des Ultramarathons schläft Cliff Young nicht eine Minute. Er läuft einfach weiter, während die anderen regenerieren, und holt seinen enormen Rückstand auf.

Irgendwann passiert das Unmögliche: Er überholt die besten Athleten der Welt.

Fünf Tage, fünfzehn Stunden und vier Minuten – mit dieser Zeit hat er die Ziellinie in Melbourne überquert und den Ultramarathon 1983 gewonnen. Auf den Zweitplatzierten hatte er am Ende zehn Stunden Vorsprung. Er war einundsechzig Jahre alt und kein Profisportler. Der Zweitplatzierte war Topathlet, über dreißig Jahre jünger und hatte nicht die Spur einer Chance zu siegen.

Cliff Young wurde zu einer Ikone und Legende. Cliff Young, der Mann, der das Unmögliche möglich gemacht hat. Ein einundsechzigjähriger Farmer besiegte die besten Langstreckenläufer der Welt. Jeder wusste, dass der Lauf ohne fünf Stunden Schlaf und Massagen der Muskulatur nicht zu schaffen ist. Nur Cliff Young wusste es nicht. Er hat die Grenzen des Machbaren verschoben, denn er hatte seine eigenen.

Diese unmenschliche Leistung wurde im Nachgang von Experten analysiert. Jeder wollte wissen, wie das möglich war. Die Antwort: Als Schafzüchter im australischen Outback war er es gewohnt, zwei bis drei Tage ohne Pause durchzulaufen, um seine Schafe zusammenzuhalten. Was für die meisten Menschen unvorstellbar klingt, war für ihn eine ganz normale Sache.

Cliff Young ist ein echter Rulebreaker. Er hat die Regeln aller Experten ignoriert und seine eigenen Regeln aufgestellt. Es interessierte ihn nicht, wie etwas gemacht werden muss, wie es andere machen und wie etwas zu funktionieren hat. Er hat aus seinen eigenen Überzeugungen heraus gehandelt. Diese Herangehensweise ermöglichte es ihm, Grenzen zu überschreiten, die andere Menschen als unüberwindbar hinnahmen.

Youngs Lauftechnik wurde von zahlreichen Ultramarathonläufern übernommen. Es war eine neue Art, mit erheblich weniger Energie länger zu laufen – der sogenannte Young-Shuffle-Laufstil.

Literaturverzeichnis

Frank Aischmann (2021): Studie: Wie (un)beliebt ist die »Corona-Warn-App«? https://idw-online.de/de/news760730, abgerufen am 25. August 2021.

Frank Arnold (2012): Der Unordnungspolitiker. https://www.spiegel.de/wirtschaft/oekonom-joseph-schumpeter-und-der-prozess-der-schoepferischen-zerstoerung-a-823853.html, abgerufen am 25. August 2021.

Beat Balzli (2009): Gewohnheiten verhindern Innovationen. https://www.wiwo.de/archiv/arbeitsalltag-gewohnheiten-verhindern-innovationen/5566448.html, abgerufen am 25. August 2021.

Mathias Benedek et al. (2017): Creativity on tap? Effects of alcohol intoxication on creative cognition. https://www.sciencedirect.com/science/article/pii/S1053810016303713?via%3Dihub, abgerufen am 25. August 2021.

Tobias Borchert (2019): Welche Generation bin ich und warum? https://www.veda.net/blog/artikel/welche-generation-bin-ich-und-warum, abgerufen am 25. August 2021.

Brad Bushman, Angela Stack (1996): Forbidden Fruit Versus Tainted Fruit: Effects of Warning Labels on Attraction to Television Violence. Iowa: State University.

Clinton Callahan (2007): Abenteuer Denken – 52 Abenteuerreisen zu größeren Möglichkeiten. Nextculture Press Verlag.

Clinton Callahan (2016): Die Kraft des bewussten Fühlens: Ein Handbuch, um näher an Ihrer eigenen Wahrheit zu leben. Nextculture Press Verlag.

Clark, Mahato, Nakazawa, Law, Thomas (2014): The power of the mind: the cortex as a critical determinant of muscle strength/weakness. Journal of Neurophysiology.

Pamela Dörhöfer (2016): Den Intellekt massenhaft ausgeschaltet. https://www.fr.de/wissen/intellekt-massenhaft-ausgeschaltet-11103607.html, abgerufen am 25. August 2021.

Niki Fellner (2020): Verbinde die 9 Punkte mit 4 einzelnen Strichen! https://buzz.oe24.at/spass/verbinde-die-9-punkte-mit-4-einzelnen-strichen/220340451, abgerufen am 25. August 2021.

Bernd Fittkau (2021): Nach welchen Regeln wollen wir leben? https://hm-practices.org/wp-content/uploads/2018/01/Fittkau_Bernd_2018_Laissez-Faire-Regulierung-lang.pdf, abgerufen am 26. August 2021.

Jürgen Fleig (2021): 3 Beispiele für eine disruptive Innovation. https://www.business-wissen.de/artikel/innovationen-3-beispiele-fuer-eine-disruptive-innovation, abgerufen am 26. August 2021.

Francesca Gino (2020): Rebellen gesucht. https://www.manager-magazin.de/harvard/fuehrung/talentmanagement-warum-sie-querdenker-brauchen-a-00000000-0002-0001-0000-000148973362?context=issue, abgerufen am 26. August 2021.

Oliver Glück (2021): Schöpferische Zerstörung. https://welt-der-bwl.de/Schöpferische-Zerstörung, abgerufen am 26. August 2021.

Reed Hastings, Erin Meyer (2020): Keine Regeln. Warum Netflix so erfolgreich ist. Econ (Verlag der Ullstein Buchverlage GmbH).

Jutta und Heinz Heckhausen (2011): Motivation und Handeln. 4. Auflage, Springer Verlag, Berlin Heidelberg.

Joachim Huber (2014): Frust durch Fernsehen. https://www.tagesspiegel.de/gesellschaft/medien/mediennutzung-macht-schuldgefuehle-frust-durch-fernsehen/10265574.html, abgerufen am 26. August 2021.

Maika Jachmann (2021): Gesetze. https://www.bundestag.de/services/glossar/glossar/G/gesetze-245434, abgerufen am 26. August 2021.

Yana Kahl (2016): Think outside the box: Über den eigenen Tellerrand schauen. https://blog.cognifit.com/de/think-outside-the-box, abgerufen am 26. August 2021.

Christoph Keese (2016): Silicon Valley. Was aus dem mächtigsten Tal der Welt auf uns zukommt. Penguin Verlag.

Beate Kohnhaeuser (2013): Studie: Rebellische Kinder werden oft Unternehmer. https://www.stellenanzeigen.de/studie-rebellische-kinder-werden-oft-unternehmer-sde2219, abgerufen am 26. August 2021.

Anne Koschik, Michael Scheppe (2020): Amt statt Autoindustrie – Warum die meisten Nachwuchstalente für den Staat arbeiten wollen. https://www.handelsblatt.com/karriere/traumjob-beamter-amt-statt-autoindustrie-warum-die-meisten-nachwuchstalente-fuer-den-staat-arbeiten-wollen-/26683194.html?ticket=ST-8605334-4EeEHjFL1bROWgRwwcSl-ap1, abgerufen am 26. August 2021.

Georg Kraus (2021): Freiheit – Definition. https://www.kraus-und-partner.de/wissen-und-co/wiki/freiheit, abgerufen am 26. August 2021.

K. Laurin, A. C. Kay, G. J. Fitzsimons (2012): Reactance versus rationalization: Divergent responses to constrained freedom. Psychological Science.

Nick Lin-Hi (2021): Definition: Was ist Freiheit? https://wirtschaftslexikon.gabler.de/definition/freiheit-32648, abgerufen am 26. August 2021.

Kristian Lozina (2020): Forschungspreise Psychologie: Menschen brechen ungern Regeln. https://idw-online.de/de/news756180, abgerufen am 26. August 2021.

Jochen Mai (2016): Scheitern: Das falsche Verhältnis zum Versagen. https://karrierebibel.de/scheitern/#Definition-Warum-ist-Scheitern-so-schlimm, abgerufen am 26. August 2021.

Egbert Maibach-Nagel (2019): Tabakatlas: 121.000 Rauchertote jährlich in Deustchland. https://www.aerzteblatt.de/archiv/172961/Tabakatlas-121-000-Rauchertote-jaehrlich-in-Deutschland, abgerufen am 26. August 2021.

Egbert Maibach-Nagel (2020): Gesundheitsministerium sieht wenig Nutzen in Schockfotos auf Tabakwaren. https://www.aerzteblatt.de/nachrichten/109290/Ge%C2%ADsund%C2%ADheits%C2%ADmi%C2%ADnis%C2%AD-terium-sieht-wenig-Nutzen-in-Schockfotos-auf-Tabakwaren, abgerufen am 26. August 2021.

Egbert Maibach-Nagel (2018): Drei Millionen Todesfälle jährlich durch Alkohol. https://www.aerzteblatt.de/nachrichten/98062/Drei-Millionen-Todesfaelle-jaehrlich-durch-Alkohol, abgerufen am 26. August 2021.

Stefan Moll (2021): Wer hat das Recht erfunden? https://kinder.wdr.de/tv/wissen-macht-ah/bibliothek/kuriosah/bibliothek-wer-hat-das-recht-erfunden-100.html, abgerufen am 26. August 2021.

Denis Mourlane (2012): Resilienz. Die unentdeckte Fähigkeit der wirklich Erfolgreichen. Göttingen, BusinessVillage.

C. Peterson, M. E. P Seligman (2004): Character strengths and virtues: A handbook and classification. New York, Oxford University Press.

J. Rudnicka (2021): Steuereinnahmen aus der Tabaksteuer in Deutschland von 2007 bis 2020. https://de.statista.com/statistik/daten/studie/37837/umfrage/einnahmen-aus-der-tabaksteuer-in-deutschland, abgerufen am 26. August 2021.

Dirk Sauerland (2021): Regeln. https://wirtschaftslexikon.gabler.de/definition/regeln-43541, abgerufen am 26. August 2021.

Walter Schmidt (2014): Im Zweifel folgen Menschen eher der Masse. https://www.weser-kurier.de/ratgeber/im-zweifel-folgen-menschen-eher-der-masse-doc7e467umo0m0z7wl8fvw?reloc_action=artikel&reloc_label=/startseite_artikel,-Im-Zweifel-folgen-Menschen-eher-der-Masse-_arid,768122.html, abgerufen am 26. August 2021.

Statista (2021): Statistiken zu den Rundfunkgebühren. https://de.statista.com/themen/1242/rundfunkgebuehren, abgerufen am 26. August 2021.

Statista (2021): Wie wichtig war Ihnen die Work-Life-Balance bei Ihrer Entscheidung für Ihren aktuellen Arbeitsplatz? https://de.statista.com/prognosen/980887/umfrage-zur-relevanz-von-work-life-balance-bei-der-arbeitgeberwahl, abgerufen am 26. August 2021.

Claudia Tödtmann (2019): Gallup-Studie 2019: Rund sechs Millionen Beschäftigte glauben nicht an ihr Unternehmen – mit 122 Milliarden Euro Folgeschäden, schuld sind die Führungskräfte selbst. https://blog.wiwo.de/management/2019/09/12/gallup-studie-2019-rund-sechs-millionen-beschaeftigte-glauben-nicht-an-ihr-unternehmen-mit-122-milliarden-euro-folgeschaeden-schuld-sind-die-fuehrungskraefte-selbst, abgerufen am 26. August 2021.

Marleen van de Camp (2019): Der wahre Grund, warum Cannabis, Ecstasy und Co. in Deutschland verboten sind — aber Alkohol erlaubt. https://www.businessinsider.de/wissenschaft/darum-sind-cannabis-ecstasy-und-co-verboten-aber-alkohol-erlaubt-2019-7, abgerufen am 26. August 2021.

Harriet von Behr (2020): Freiheit – was ist das eigentlich? https://www.theman.de/freiheit-was-ist-das-eigentlich, abgerufen am 26. August 2021.

Watson et al. (2017): Delaying Middle School and High School Start Times Promotes Student Health and Performance: An American Academy of Sleep Medicine Position Statement. https://jcsm.aasm.org/doi/10.5664/jcsm.6558, abgerufen am 26. August 2021.

Claudia Wüstenhagen (2016): Der Fluch der Neugier. https://www.zeit.de/zeit-wissen/2016/05/psychologie-experimente-vernunft-neugier, abgerufen am 26. August 2021.

FAIL GOOD

Markus Czerner
FAIL GOOD
Die Kunst des Scheiterns
1. Auflage 2020

204 Seiten; Broschur; 9,95 Euro
ISBN 978-3-86980-490-3; Art.-Nr.: 1083

Viele Menschen haben große Träume und Visionen. Einige fangen erst gar nicht an sie zu verwirklichen, andere geben nach den ersten Rückschlägen auf. Und dann gibt es noch jene, die ihr Ziel trotz Widrigkeiten und Niederlagen schlussendlich erreichen.

Doch was zeichnet letztere aus? Was machen sie anders? Und warum ist Scheitern für sie ein Ansporn?

Der ehemalige Tennisprofi Markus Czerner gibt in seinem neuen Buch Antworten auf diese Fragen. Und die haben es in sich. Sie verzichten auf das übliche »Tschakka – Du schaffst das« und lenken den Blick auf das Wesentliche: Das Scheitern. Erst wenn wir lernen, Situationen zu schätzen, in denen etwas schiefgegangen ist, in denen wir falsche Entscheidungen getroffen haben, werden wir daraus lernen und couragiert unseren Weg gehen.

Denn es geht nicht allein um das eine Ziel. Vielmehr ist es der Weg zum Ziel, den wir gehen, und das, was wir auf dem Weg dorthin werden.

Czerners Buch ist Plädoyer fürs Scheitern und gegen die Null-Fehler-Toleranz.

www.BusinessVillage.de